KB021414

명문동양문고 ㉚

管子
관자 (上)

장기근 譯

明文堂

범례凡例

1. 이 책은 「관자교정(管子校正)」 24권 〈唐 尹知章 注, 清 戴望 校正〉을 저본으로 하고, 본문에 대한 번역 및 해설과 아울러 자귀에 대한 주해를 붙인 것이다.
2. 관자 총 86편 중에서 관자 자신의 글이라고 믿어지는 경언(經言) 9편 중 목민(牧民), 형세(形勢), 권수(權修), 입정(立政), 승마(乘馬), 칠법(七法)의 6편을 완전히 번역했으며, 외언(外言)에서 오보(五輔)와 중령(重令)을 완역했고, 추언(樞言)과 패언(霸言)은 초역했다. 원래 관자의 글은 후세의 여러 사람에 의해 부연된 것이 많이 혼입되어 있는지라, 대략 위에서 추린 것으로 관자 자신의 본 모습이나 정신을 파악할 것이라 믿는다.
3. 본래 관자의 글은 혼잡하고 오기나 착자(錯字)도 많으며, 또 난해한 점도 많다. 본서의 해석이나 해설에는 여러 학자의 설을 참고했으나, 필자가 발명한 부분도 제법 있음을 밝혀 둔다.
4. 각편을 필자가 방편상 임의로 단절하여 풀이하고 해설을 가했다. 이는 어디까지나 이해를 용이하게 하기 위함이다.
5. 번역은 직역과 의역의 중간을 취하고자 했다.
6. 참고한 연구서로서는 「管子探求」(羅根澤), 「管子評註」(郭正域), 「讀書雜志」(王念孫), 「管子傳」(梁啓超) 등이 있다.

목차

| 서문 |

관자(管子)는 공자(孔子)보다도 약 1세기 앞선 위대한 정치가이자 사상가였다. B.C. 7세기에 제(齊)나라의 재상(宰相)으로 탁월한 정치 수완을 발휘하여 마침내는 제나라의 환공(桓公)을 패자(霸者)로까지 끌어 올렸던 실적을 남겼다.

관자의 특색은 우선 그가 국권을 확립하고자 애를 썼다는 점이다. 관자는 국가의 주권, 국가를 임금, 군주 또는 귀족보다도 높였던 것이다. 이는 당시에 있어선 물론 후세에 와서도 쉽사리 추종을 불허했던 탁월한 사상적 특이성이었다. 임금보다 나라를 앞세운다는 것이 오늘의 생각으로는 당연하지만, 고대 중국에 있어서는 혁명적인 생각이라 아니할 수 없다. 이렇듯 국권확립(國權確立)을 위해 그는 부국강병(富國强兵)의 경제정책과 법치주의(法治主義)를 강조했다.

그러나 관자는 결코 협소한 법치주의자나 실리만을 추궁하는 부국강병책만을 일삼은 소인은 아니었다. 「곡창이 실하면 예절도 알고, 의식이 족하면 영욕도 안다.(倉廩實則知禮節, 衣食足則知榮辱.)」〔牧民篇〕고 했듯이, 그는 우선 물질적 풍족 위에 서야 국민들이 정신적 향상을 할 수 있을 것이며, 국가의 예교(禮教), 교화(教化), 덕치(德治)도 이룩될 수 있을 것이라 했다.

따라서 관자의 이상은 높은 데 있었다. 인민의 민심(民心)과 지지를 얻어 잘 다스리고, 나아가서는 천하를 평정해 제패하여 덕(德)으로써 천하를 바르게 다스린다(正天下)는 것이 최종의 목적이었다. 그는 무력으로 천하를 누르는 것을 패자(霸者)라 했고, 덕으로써 다스리는 사람을 왕자라 했다. 따라서 관자는 패왕(霸王)이 되어야 한다고 주장했다. 즉 난역(亂逆)하는 자는 무(武)로 누르고, 순복하는 사람은 문(文)으로 다스려야 한다. 「문과 무를 겸비하는 것이 덕이라.(文武具備, 德也.)」〔霸言篇〕고 했다.

관자는 덕치를 현실적으로 추진했던 제자백가(諸子百家)의 선각자라 하겠다. 따라서 공자도 「논어(論語)」에서 다음과 같이 비판한 바 있다. 「관중은 환공의 재상으로 그를 도와 제후들의 패자로 만들었고, 종주국인 주나라를 받드는 동시에 천하를 크게 바로잡았다. 그리하여 백성들은 오늘에 이르도록 그의 혜택을 입고 있는 것이다. 만약 관중이 아니었더라면, 우리들도 머리를 풀고 오랑캐 옷을 입었을 것이 아니겠느냐?」〔論法 · 憲問〕 다른 곳에서 관중은 바탕이

작다, 예(禮)를 모르는 사람이다, 어질다고는 할 수 없을 것이라고 한 공자가 여기서는 관중의 현실적인 정치의 공적을 인정했던 것이다.

관중은 현실적인 정치가로 뛰어난 공적을 올렸으며 동시에 그의 이상이 매우 높은 덕치를 바라보고 있다는 점에서 중국의 전통적 정치사상가라 하겠다.

1. 관자의 생애

관자의 이름은 이오(夷吾), 자는 중(仲) 또는 경중(敬仲)이다. 제(齊)나라 영상(潁上, 現 安徽省 西部)의 출신이라고 하며, 그의 출생 연대는 확실히 알 수가 없다. 단 그가 제나라의 환공(桓公, 재위 B.C. 685~643)을 보필하였으므로 그도 대략 환공과 비슷한 연대의 인물이며, 그가 환공보다 2년 앞서 B.C. 645년에 죽었음을 알 뿐이다.

당시의 시대적 특성은 대략 다음과 같이 4가지로 들 수 있다.

1. 중앙집권의 제도가 확고하게 서지 못했다. 이때에 관

자는 자기의 조국 제나라를 천하의 종주국으로 만들고자 했으며, 제나라의 중앙집권을 강화하고자 했다.

2. 군권(君權)도 아직 확립되지 못했다. 당시는 국제간에 있어 강력한 영도권을 잡은 나라도 없었거니와 한 나라의 주권이나 국권(國權)마저도 제대로 서있지 못했다. 따라서 군주나 귀족의 세력은 거의 맞먹기도 했던 것이다. 이에 관자는 귀족의 세력을 누르고 군주의 주권을 확립하고자 했던 것이다.

3. 당시는 춘추의 초기로 종족 간의 분쟁이 점차로 심해지기 시작할 때였다. 관자는 이에 국가의 주권을 확립하고, 제로 하여금 천하의 제후를 누르고 패자로 군림케 하고자 했다.

4. 농업생산이 높아졌던 때였다. 주(周)대로부터 점차로 교체하기 시작한 목축과 농업은 춘추시대에 들어 농업생산의 눈부신 진흥으로 나타났으며, 농업은 국가 재정의 척도로 간주되게 되었다. 동시에 상업과 공업도 제법 발달하기 시작했던 때다. 따라서 관자는 농업을 국가산업에 바탕으로 삼고, 아울러 실질적인 공업, 산업을 통제하여 국가 재정의 부를 이룩하고자 했던 것이다.

관자의 초반기에 대해서는 알 길이 없다. 이른바 관포지

교(管鮑之交)라는 말을 낳게 한 사기(史記)의 관안열전(管晏列傳)에서 추상적이나마 대략 다음과 같은 일이 있었음을 알 수 있을 뿐이다. 「일찍이 관중이 미천했을 때 관중은 포숙아와 같이 장사를 하여 자기가 이득을 더 취했다. 그러나 포숙아는 관중이 탐욕한 게 아니라 가난한 탓이라 묵인했고, 또 관중이 일을 잘못 처리했을 때도 포숙아는 그가 어리석어서 그런 것이 아니라 때를 못 만났으므로 실패한 것이라고 양해했으며, 또 관중이 세 번 출사했다가 세 번 다 쫓겨왔을 때에도 때를 못 만난 탓이라고 생각했다. 또 관중이 세 번 싸워 세 번 다 패하고 도망왔어도 포숙아는 비겁해서가 아니라 노모를 모신 탓이라고 관대하게 이해해 주었고, 또 관중이 섬기던 공자 규(糾)가 패했는데도 순사하지 않고 잡히어 욕을 보면서도 살아남았거늘, 포숙아는 무치(無恥)라고 욕하지 않고 도리어 관자가 소절(小節)을 넘어서 천하에 공명을 세우고자 함이라 잘 이해해 주었다.」

이에 관자는 「나를 낳아준 분은 부모님이시나 나를 알아준 사람은 포숙아이다.(生我者父母, 知我者鮑叔.)」라고 했다.

일찍이 포숙아는 제의 공자 소백(小白)을 섬겼고, 관중은 공자 규(糾)를 섬겼다. 그런데 소백과 규가 서로 다투다 규가 패하자 관중도 잡히어 갇히게 되었다. 그러나 포숙아는 관중의 뛰어난 재능을 아끼고 관중을 소백, 즉 환공(桓公)에게 천거해 쓰도록 했다. 그리하여 관중은 재상으로서 국정을 맡자, 당시 미미한 존재였던 제나라를 크게 발전시켜 마침내는 제의 환공으로 하여금 제후들의 맹주, 즉 패자가 되게 했던 것이다. 관중이 부국강병책을 성공시킨 큰 이유로는 그가 엄격한 법치주의와 더불어 실리적인 경제정책을 써서 민심을 얻고, 동시에 인민에게 고르게 이득이 가도록 했다는 점에 있다. 그의 법치의 핵심은 신상필벌(信賞必罰)로써 국민의 공명심을 분발시키는 반면에 범죄를 억제하고 경제정책의 핵심은 국토를 개발하여 농업생산을 높이는 것이었다. 이렇듯 경제적 부를 이룩하고, 덕치로써 민심을 얻은 뒤에 인민의 지지를 얻어 나아가서는 국민의 총화를 굳게 다지는 것이었다.

관자가 소절을 위해 죽지 않고 대의를 지켰다고 하는 것은, 그의 국가주의를 증명하는 것이라 하겠다. 관자 대광편(大匡篇)에는 「내가 살면 제국이 이롭고, 내가 죽으면 제국이 불리하다.(夷吾生則齊國利, 夷吾死則齊國不利.)」라고 했다. 당시에 작은 충성(忠誠)을 버리고 국가를 크게 위한다는 국가주의는 특유한 것이라 하겠다.

제(齊)는 주(周)의 초기에 태공망(太公望) 여상(呂尙)이 봉을 받은 나라이며 임치(臨淄, 現 山東省)에 도읍하고 있었다. 주왕실의 동천과 더불어 춘추시대에 들어서면서 각지에 군웅들이 할거하여 패권을 다투었다. 이때의 제는 관중의 부국강병책을 써 환공(桓公)이 자리에 오른 지 7년 만에 패자의 지위를 확보했던 것이다. 그 후 환공은 제위 42년간(B.C. 685~643) 줄곧 관자의 탁월한 보필을 받았다. 사기에도 있듯이 원래 환공은 범용한 군주였다.「환공이 제후를 거느리고 천하를 바르게 다스린 것은 관자의 계략 때문이다.」「관자는 물자를 교역하여 국가에 재물을 쌓았고, 나라를 부하게 하여 무력을 강화했으며 민심을 잘 다스렸다.」

관자는 주관(周官)에 있는 제도를 개편하여 합리적인 법률과 제도로 개혁하여 내치를 충실하게 다졌고, 한편 대외적으로는 주왕실을 받들어 천하통치의 대의명분을 세워가면서 제나라 중심의 패권 확립을 기도했다.

관자는 대략 B.C. 645년에 죽었다고 한다. 즉 환공보다 2년 앞섰으며, 관중을 잃은 환공은 즉시 무력해져서 제나라는 후계 다툼으로 혼란에 빠졌다.

2. 사상(思想)과 정책(政策)

관자는 제자백가에 앞서서 그의 정치이론을 효과적으로 실증한 위대한 정치가다. 따라서 그를 좁은 의미로, 법가(法家) 또는 도가(道家)라 하는 것은 무의미하다고 하겠다. 그의 정치사상은 실증적이고 현실적인 이른바 정치 강령이라고도 하겠다. 그의 두드러진 특색을 추리면, 다음과 같다고 하겠다. 국가주권(國家主權)의 확립, 법치주의(法治主義), 경제정책을 바탕으로 한 부국강병, 실리적 민덕(民德)으로 총화를 이룩하자는 데에 그 특색이 있었다. 다음에서 법치주의와 경제정책을 주로 관자의 사상을 풀이해 보겠다.

1) 법치주의(法治主義)

양계초(梁啓超)는 그의 저서 「관자전(管子傳)」에서 말했다. 「법치(法治)는 다스림〔治〕의 가장 옳은 궤도이며, 세계 오대주, 수천 년간의 역사에 있어 이 법치주의를 가장 먼저 들고 나왔고 체계 있게 만든 사람은 바로 관자다.」

사실 관자는 법치주의의 창설자이자 동시에 법치의 실천자이기도 했다. 그의 법치주의는 바로 그의 국가주의(國家

主義)에서 비롯되는 것이다. 국가의 요소는 세 개가 있다. 토지(土地), 인민(人民) 및 주권(主權)이다. 이 세 가지는 그 어느 하나가 없어도 국가를 완전하게 이룩할 수 없다. 토지와 인민은 있으나 주권이 없으면, 이는 국가가 아니라 일개 사회에 불과하게 된다. 따라서 주권이란 인간의 사회를 하나의 국가로 높이고 굳게 다져주는 가장 긴요한 요소이기도 하다. 이렇듯 중요한 주권을 확립시키고 확보하는 길이 바로 법치인 것이다. 따라서 관자의 법치주의는 그의 국가주의 또는 국가주권 확립과 밀접한 관계에 있다고 하겠다. 다음에서 그의 법치주의에 대하여 항목별로 간단히 풀이하겠다.

① 법치(法治)와 국권확립(國權確立)

법이 없으면 사람들은 야수적 상태에서 벗어날 길이 없다. 야수적 횡포는 선과 악을 가리지 않고, 전체와 개인을 가리지 않고, 또는 미래의 이상과 현재의 욕구를 가리지 않고 오로지 순간적인 힘과 나의 욕구 충족을 위해 포악을 서슴지 않고 저지른다. 이렇게 되면 인간 사회나 나라는 존립할 수가 없다. 사람들이 다 같이 안락하고 평화롭게 공존공영(共存共榮)하기 위해서는 포악을 누르고 정의를 선양해야 한다. 옛날의 임금들이 나라를 세우면서 일차적으로 해야 할 일은 이것이었다.

「관자」에 이런 말이 있다.

「옛날에는 군신상하(君臣上下)의 분별도 없었고 부부배필(夫婦配匹)의 결합도 없이 금수들 같이 떼 지어 있으면서 힘만으로 누르고 눌리곤 했다. 따라서 꾀가 있는 자는 어리석은 자를 속였고, 강한 자는 약한 자를 눌렀고, 노유고독(老幼孤獨)들은 의지할 곳이 없었다. 따라서 슬기로운 지도자가 많은 힘을 합하여 포악한 강자를 눌러 금하게 하였고, 모든 사람들을 위해 이로운 일을 진흥시키고 해로운 바를 제거함으로써 모든 사람들의 덕성을 바로잡아 주었으며, 이에 사람들은 그를 스승으로 모셨다.」〔君臣篇 下〕

포악을 누르고 사람들의 덕성을 바로잡아 줌으로써 백성들로부터 스승이라 존경을 받았다는 것은 바로 임금으로 추대된 거나 같다. 옛날에는 군사부(君師父)일체라 했다.

관자의 글은 다음과 같이 계속된다.

「사물의 명목을 밝히고, 사악한 것을 벌하고, 시비를 가려낼 때에 비로소 상벌(賞罰)이 이루어진다. 또한 상하(上下)의 구분이 생기고 백성들이 일체(一體)가 되면 국도(國都)가 서게 마련이다. 따라서 백성들이 일체가 되었을 때 비로소 참다운 나라가 되었다고 하겠고, 임금이 상벌을 바르게 행했을 때 비로소 참다운 임금이 되었다고 하겠다.」〔君臣篇下〕

상벌을 바르게 행한다는 것은 바로 법치를 뜻한다.

「백성들은 잘 통치되어야 바르게 되고, 안락하게 살 수 있어야 평정하게 된다. 도적이 성하고 사악이나 난동이 판을 치며, 강한 자가 약자를 겁탈하는 등 다수가 소수를 치게 되면 온 천하의 화근거리이자 만민이 걱정하는 바라 하겠다. 이러한 화근, 걱정을 제거하지 못하면 백성들의 생활이 불안해지고 따라서 임금에 대해 실망하게 될 것이다.」〔正世篇〕

이러한 사상은 「나라는 인민의 권리와 의무를 위하여 정의의 법을 수호해야 한다.」는 홉킨스의 생각과 같다. 즉 나라는 인민의 안락한 생활을 보장해주기 위해 존재해야 한다는 것이 관자의 생각이었다. 단, 옛날 사람들에게 있어 나라가 바로 임금으로 표현된 것은 어쩔 수 없는 일이라 하겠다. 다음엔 국가의 목적은 「백성을 위해 이로움을 진흥시키고 해로움을 제거하는 것(興利除害)」이며, 그러기 위해 법을 지켜야 한다는 관자의 말을 몇 마디 더 추려보겠다.

「법은 백성들이 부모와 같이 섬겨야 할 것이다.(法者民

之 父母也.)」〔法法篇〕

「법은 천하에서 으뜸의 길이며, 성군이 알차게 쓰는 것이다.(法者天下之至道也, 聖君之實用也.)」〔任法篇〕

「법은 공을 일으키고 포악을 누르는 것이며, 율은 분수를 정해주고 분쟁을 멈추게 하는 것이며, 영은 백성에게 국사를 가르쳐주는 것이다.(法者所以興功懼暴也, 律者所以定分止爭也, 令者所以令人知事也.)」〔七臣七主篇〕

법은 만인의 정의를 수호하고, 만인의 이득을 보장해주는 것이다. 따라서 법은 만민에 대하여 적절하고 누구에게나 고르게 해주는 것이라 하겠다.

이에 대하여 관자는 다음과 같이 말했다.

「다스림에는 고르게 하는 것보다 더 귀한 것이 없다. 백성을 심하게 제약하면 백성들이 곤란에 빠지고 나아가서는 안락할 수 없다. 반대로 지나치게 풀어놓으면 백성들이 방종과 지나친 이기주의에 흐르고, 따라서 공적인 이득을 돌보지 않게 된다. 백성이 이기주의자가 되어 공리(公利)를 무시하면 국가적으로 쓸모가 없게 된다. 따라서 법을 고르게 잘 시행하지 않으면 다스림이 바르게 설 수 없는 것이다.(故治之所以不立者, 齊不得也, 齊不得則治難行.)」〔正世篇〕

이 말 속에서 우리는 관자의 국가주의를 새삼 느낄 수 있다. 국가는 개인의 안락만을 위해 있는 것이 아니다. 개인의 안락을 보장하되 그들 국민이 국가의 이익을 위해 일해야 한다는 것이다. 개인의 안락과 국가이익의 확보는 크게는 일치하나 작게는 상충하는 수가 있다. 따라서 법으로써 작은 상충을 해소하자는 것이다. 그러나 이때에 법은 국민들의 안락을 지나치게 제약해서도 안 되고, 또 지나치게 방임해서도 안 된다는 것이 관자의 주장이다. 그러나 법치주의를 강력히 내걸고는 있지만 관자는 항상 민심을 얻고 인민의 지지를 받아야 한다는 뜻으로 「득인(得人)」할 것을 바탕으로 삼고 있음을 절대로 잊어서는 안 된다. 즉 민심을 좇아 「홍리제해(興利除害)」하자는 것이 그의 법치주의의 또 하나의 특색이다.

② 준법정신(遵法精神)

관자 사상의 특색의 하나로, 그가 군권(君權)보다도 국권(國權)을 앞세웠다는 점을 들 수 있다. 당시에는 이른바 국가의 주권이니, 통치권이니 하는 개념은 거의 없었을 것이다. 오로지 군주나 귀족(貴族)들의 존재만이 절대적이었고, 나라라면 바로 이들이라고 할 만큼 당시의 군주나 귀족들이 통치의 절대권을 장악하고 있었던 때다. 따라서 군주나 귀족의 호령은 바로 나라의 호령이고, 그 호령을 백성들은 절대로 따라야 하며, 따르지 않은 자에게는 죽음이 있을 따름이었다. 그렇거늘 관자는 이들 군주나 귀족 위에 나라의 법을 내걸고 이 법을 군주나 귀족들도 일반 백성과 같이 지켜야 한다고 주장했던 것이다. 이것은 당시로서는 일대 혁명이 아닐 수 없었다. 그러나 탁월한 정치가 관자는 이를 성공적으로 수행했던 것이다.

이러한 의미로 볼 때 관자의 법치는 인민을 제약해서 군권을 확장하려는 것이 아니라, 오로지 국권 확립을 위하여 군민(君民)을 다 같이 법으로써 단속하자는 것이었으며, 이는 오늘의 법의 정신과도 통하는 바라 하겠다.

관자는 말했다.

「군신상하(君臣上下), 귀족이나 천민이 다 법을 지켜야 한다. 이를 크게 다스리는 것이라 한다.(君臣上下貴賤皆從法. 此之謂大治.)」〔任法篇〕

「옛날의 명군은 백성들이 윗사람의 정신을 받든다는 것을 잘 알고 있었다. 따라서 법을 정하여 자기가 몸소 지켰고 법도를 세워 자기가 몸소 바르게 행했다. 윗사람이 솔선수범하지 않으면 아랫사람들이 따르지 않는다. 백성들이 법령이나 규제를 지키지 않으면 그 나라는 흐트러진다. 따라서 치도를 터득한 군주는 법제를 정하고 백성들보다 앞서 준수했던 것이다.(是以有道之君, 行法修制, 先民服也.)」〔法法篇〕

「명군은 친척 때문에 사직을 위태롭게 하지 않는다. 사직이 친척보다도 더 귀중하다. 임금의 욕망 때문에 영을 변경하지 않는다. 영이 임금보다도 더 존귀하다. 귀중한 보배 때문에 권위를 분할하지 않는다. 권위가 보배보다 더 귀중하다. 백성을 사랑하기 때문에 그 법을 다치지 않는다. 법은 백성보다 더 귀중한 것이다.(明君不爲親戚危其社稷, 社稷戚於親. 不爲君欲變其令, 令尊於君. 不爲重寶分其威, 威貴於貴. 不爲愛民虧其法, 法愛於民.)」〔法法篇〕

이렇듯 관자는 군주나 귀족보다 법을 높였고, 그들도 법을 지켜야 한다고 강조했다. 즉 그는 국가를 위해 군주나 귀족의 권한을 법으로 제약했던 것이다. 동시에 백성들을 하나로 묶고 상하가 일체가 되어 국가를 부강하게 만들기 위하여 백성들에게 준법할 것도 강력히 주장했다. 특히 신상필벌(信賞必罰)로서 사회의 질서, 정의의 앙양, 공명의 진작을 꾀하자던 관자는 위법자에 대한 처단은 상하를 막론하고 준엄하게 다스리고자 했던 것이다. 뿐만이 아니라 일단 국가에서 정하여 공포된 법령은 절대로 존엄하다. 이에 대하여 사사로이 재량하는 자도 엄단해야 한다고 주장했다.

「영을 깎아낸 자도 사형, 영을 더 붙인 자도 사형, 영을 행하지 않은 자도 사형, 영을 보류케 한 자도 사형, 영에 따르지 않은 자도 사형이다. 이들에 대하여는 사형이 있을 뿐 절대로 사면이란 있을 수 없다. 영을 절대로 존엄하게 보기 때문이다.」〔重令篇〕

③ 법치(法治)의 이상(理想)

이렇게까지 법령을 엄격하게 다스려야 하는 이유는, 앞에서도 말했듯이 국가의 부강, 전체 인민의 안락과 이익을 위해서이다.

후세의 일부 학자들이 관자와 상앙(商鞅)을 같다고 보기도 했다. 그러나 이들은 같은 법치주의자이기는 하지만 기본정신에 있어서는 크게 다르다고 하겠다. 상앙은 부국강병만을 위해 법치를 내세웠으나 관자는 부국강병보다도 천하를 바르게 다스리고자, 즉 「정천하(正天下)」를 위한 덕치의 바탕으로 법치를 내세웠던 것이다.

「나라가 부강하면 먼 곳의 백성들도 올 것이고, 국토개발이 잘되면 백성들이 안락하게 살 것이다. 이렇게 하여 창고에 곡물이 가득 차 경제적으로 부유하게 되면 백성들도 예절과 같은 정신적 가치를 인식하게 될 것이고, 의식과 같은 생활 조건이 풍족하게 풀리면 명예나 치욕 같은 정신 가치도 인식하게 될 것이다. 윗사람이 절도와 분수를 잘 지키면 모든 사람들이 화목 단결하게 될 것이다. 한편 4가지 기본을 신장하지 않으면 나라가 망하고 말 것이다. 4가지는 즉 예(禮), 의(義), 염(廉), 치(恥)다.」〔牧民篇〕

관자의 법치는 부국강병에서 인간의 정신도의를 높이고 나아가선 천하의 덕치를 이룩하기 위한 바탕이라 하겠다.

이러한 사상은 후에 공자(孔子)에게 있어서도 다음과 같이 나타났던 것이다.

「법으로 이끌고 형벌로 다지기만 하면 백성들이 법망을 뚫고 빠져나가는 경우에도 염치를 느끼지 않을 것이다. 그러나 덕으로 이끌고 예로써 다지면 양심적인 염치와 올바름을 갖게 될 것이다.(道之以政, 齊之以刑, 民免而無恥. 道之以德, 齊之以禮, 有恥且格.)」〔論語 · 爲政〕

관자는 다음과 같이 한 마디로 추렸다.

「이른바 인의, 예악의 덕치도 결국은 법에서 비롯되는 것이다.(所謂仁義禮樂者, 皆出於法.)」〔任法篇〕

결국 관자의 법치의 최종 목표 또는 종국적 이상은 덕치에 있음을 알 수 있다. 그러면서 현실적인 정치가였던 그는 그 이상을 현실적으로 구현시키기 위해 현실적인 법치를 가지고 첫걸음을 내딛고자 했던 것이다. 결코 그가 덕에 의한 교화 훈도를 소홀히 한 것은 아니다. 이 점은 관자의 글 속에서 얼마든지 찾아볼 수 있으며, 이러한 점에서 우리는 관자의 법치주의는 다른 법치주의와 탁월한 바가 있음을 인정해야 하며, 특히 공자의 가르침보다 더욱 현실적이고 실천적임을 알 수도 있다.

2) 경제정책(經濟政策)

관자가 대정치가로서 성공한 바탕은 바로 그의 뛰어난 경제정책에 있었다. 물질적으로 천하에서 가장 풍부한 나라가 되어야 정신적으로도 천하를 지배할 수 있다는 신념에서 국가 재징과 국민경제 수립에 힘썼다. 후세의 유가(儒家)가 높이던 예교(禮敎)나 인의(仁義), 법가(法家)가 강조하던 법치, 병가(兵家)가 목적하던 무력적 승리도 물질적 풍족에서 얻어지는 것이다. 물질의 축적 없이 국력의 부강이 있을 수 없다. 또한 국력의 부강은 국민경제의 충족 위에서 이루어지는 것이다. 따라서 우선 국민을 살찌게 해야 국가 재정이 풍부해진다는 것이 그의 주장이었다. 이러한 의미에서 관자의 경제정책은 국가를 위해 인민을 착취하는 것이 아니라, 인민의 부강을 국가가 도와줌으로써 국가도 살찌자는 슬기롭고 올바른 정책이었다.

「관자」에 다음과 같은 말이 있다.

「나라를 다스리는 요결은 다름이 아니다. 우선 절대적으로 백성들을 부하게 만들어라. 백성들이 부하면 나라 다스리기는 쉽다. 반대로 백성들이 가난하면 나라 다스리기가 어렵다.(凡治國之道, 必先富民, 民富則易治也, 民貧則難治也.)」「그러므로 나라를 잘 다스리는 자는 반드시 백성들부터 부하게 만들고 나서 정치를 한다.(是以善爲國者, 必先富民, 然後治之.)」〔治國篇〕

「백성들의 욕구를 반드시 충족시켜 주어야 한다. 그래야 윗사람의 말을 들을 것이며 따라서 정치가 잘 될 것이다.(夫民必得其所欲, 然後聽上, 聽上然後政可善爲也.)」〔五輔篇〕

이러한 국민경제 제일주의를 논한 말들은 퍽 많다. 국민의 부를 앞세운 이유를 들면, 다음과 같다. 즉 ① 백성이 가난하면 정착하지 못하고 이산(離散)하고 만다. ② 백성이 가난하면 교화시킬 도리가 없다. ③ 백성이 가난하면 법령을 지킬 수가 없다. 한편 국민경제가 가난하게 되는 이유로 대략 여섯 가지를 추릴 수 있다. 즉 생산 부진, 위정자의 착취, 호족(豪族)들의 겸병(兼併), 사치, 낭비, 금융 유통의 정체, 재물의 유출.

이상과 같은 진단에서 관자의 경제정책의 두드러진 점을 들면, 다음과 같다.

① 농업생산의 진흥, ② 염(鹽), 철(鐵) 등 중요 물자의 생산관리 및 ③ 국가 재정의 소비절약, ④ 유통물가의 조절, ⑤ 분배의 균형, ⑥ 세제(稅制) 및 병부(兵賦)의 조절.

① 농업생산의 진흥

관자는 농업생산을 본사(本事) 또는 본업(本業)이라고 하여 국민이나 국가 경제의 기반으로 중요시했다. 당시는 철기농구(鐵器農具)의 사용으로 농업이 급속도로 발달할 때이기도 했다.

「농토 개발 및 농업생산에 힘을 쓰고 때를 맞추어 움직이면 나라는 반드시 부할 것이다.(力地而動於時, 則國必富矣.)」〔小問篇〕

「현명한 왕은 모름지기 본사인 농업생산에 역점을 두어 말단적이고 사치성의 장사나 공예품 제작 같은 쓸데없는 일들을 물리쳐야 한다. 그래야 백성들이 부하게 될 수 있

다.(明王之務, 在於强本事, 去無用. 然後民可使富.)」〔五輔篇〕

관자는 국가 재정을 늘이기 위해서는 염철(鹽鐵)을 위시한 여러 특산품 같은 물자의 생산 및 전매(專賣)를 활발히 하였고, 한편 시(市)에 대한 정책을 소홀히 하지 않았으며 상공업의 발달도 국가적으로는 무척 장려했다. 그러나 농민들에게는 농업생산에 전력을 집중시켜 그들의 생활 안정과 더불어 국가 경제의 안정을 도모했던 것이다.

관자의 농업 진흥책으로 주산물인 오곡(五穀)은 물론, 부업으로 상마(桑麻)의 재배 및 육축(六畜)의 사육이 들어 있으며, 이와 아울러 농토 개발로서 치수(治水), 관개(灌漑) 등도 역설되고 있고, 산림(山林)의 식수와 산화방지(山火防止) 같은 보호책까지 강조되고 있다.

한 마디로 말하면, 관자는 중농정책을 썼던 것이다. 그러나 그것은 농민의 보호, 육성이라는 데 보다 중점이 있었다. 따라서 물가 조정에 있어서도 금(金)이나 재화(財貨) 같은 것이 곡물보다 가격이 비싸지 않도록 보호했던 것이다. 동시에 관자는 물자의 유통과 가격의 조정을 위해 국가적인 견지에서 시장을 잘 활용하도록 힘을 썼으며, 도전(刀錢) 같은 화폐도 국가적인 견지에서 유통시켰던 것이다.

농민의 보호 정책의 일환으로 지조(地租)에 있어서도 매우 합리적인 정책을 썼다. 즉 토지 평가에 있어서도 면적의 대소만을 보지 않고 토지의 생산성을 가지고 평가하여 세금을 부과했다.

② 소비절약과 분배 조절

부국강병은 국민경제의 확립으로 이루어진다고 주장한 관자는 통치계급을 위시한 국민 생활의 사치, 낭비, 과용을 절대로 금하고 있다. 특히 통치계급의 낭비는 필연코 국민으로부터 착취를 유발하고, 종국에 가서는 민심을 잃고 나라가 흐트러질 것이라 경고하고 있다.

「나라 다스림을 사치스럽게 하면 국비를 남용하게 되며, 따라서 백성들이 가난하게 된다. 백성들이 가난해지면 간악한 꾀를 부리게 되고, 또한 간사하고 교활한 수를 쓰게 마련이다.(國侈則用費, 用費則民貧, 民貧則奸智生, 奸智生則邪巧作.)」〔八觀篇〕

「국토개발이 잘되어 생산이 높은 데도 나라가 가난한 것은 사치, 낭비를 했기 때문이다. 상벌을 바르게 했음에도 군사력이 약한 것은 민중이나 국민을 경솔하게 마구 부려 썼기 때문이다. 위정자가 사치, 낭비를 하면 과중한 세금을 거둬들이게 되고, 국민을 마구 부려 쓰면 민력이 메마르게 마련이다. 과중한 세금을 거둬들이면 국민이 위를 원망하고, 민력이 고갈되면 영을 지킬 수도 없게 된다. 아랫사람이 위를 원망하고 영이 시행되지 않으면 적국의 침략을 받지 않을 수가 없게 된다.」〔權修篇〕

관자는 무조건 절약하라고 하지는 않았다. 절도 있게 써야 한다고 했다.

「지나치게 절약하면 일을 그르치고, 지나치게 낭비하면 재물을 없앤다. 재물이 다 없어지고 나서 부족함을 아는 것은 애당초 양을 모른 처사이고, 일이 끝난 후에 비용이 남은 것을 안다면 애당초부터 조절을 할 줄 모른 처사라 하겠다. 양이나 조절을 못하면 정치도를 안다고 할 수 없다.」〔乘馬篇〕

관자는 정치를 성공적으로 하기 위해서는 치밀한 재정적 예산과 집행을 해야 한다고 주장했다. 소비절약과 아울러 중대한 것은 균형 있는 분배라 하겠다.

공자도 「논어」에서 말한 바 있다. 「작은 것이 걱정이 아니라 고르지 못할까 걱정이며, 가난한 것이 걱정이 아니라 안정되지 못함이 걱정이로다.(不患寡而患不均, 不患貧而患不安.)」

관자도 이 점에 가장 신경을 썼다. 「빈부가 지나치면 모든 것을 잃게 된다.(貧富無度則失.)」〔五輔篇〕「지나치게 부하면 부릴 수 없고, 지나치게 가난하면 창피를 모르게 된다.(甚富不可使, 甚貧不知恥.)」〔侈靡軍〕「사람들 중에 너무나 가난하여 자식을 파는 자가 있는 까닭은 무엇이냐? 재산을 혼자 독점하고 있기 때문이다.(民有賣子者, 何也? 財有所幷也.)」〔輕重甲篇〕

가난한 사람과 부한 사람을 고르게 다스려야 국민의 총화가 이루어진다고 주장한 관자는 다시 농산물과 상공품의 가격도 균형을 잡아주어야 한다고 주장했다. 동시에 물자의 원활한 유통으로 유무를 상통시키자고 했다. 따라서 관자는 국가적인 견지에서 시장을 조작해야 한다고도 했다.

관자의 사상과 정책에 대해서는 주로 법치사상과 경제정책을 논했다. 기타 관료(官僚)나 인민분업(人民分業) 또는 군사(軍事), 행정제도에 관해서는 본문의 번역과 해석을 통해서 알 수 있을 것이다.

3. 「관자」 해제(解題)

「관자(管子)」라고 하는 책은, 관중(管仲)과 그의 제자들이 지은 책이라 하겠다. 한대의 유향(劉向)이 원래 있었던 564편을 추려 「관자 86편」을 편집했었다고 하나 현존하는 것은 「76편」 뿐이다.

저자에 대해서는 의심스러운 점이 너무나 많다. 글 속에 환공(桓公)이라고 시호(諡號)를 썼다. 관중이 환공보다 앞서서 죽었다는데 관중이 썼다면 환공이라고 그의 시호를 쓸 도리가 없을 것이다. 또한 관중이 죽으면서 환공에게 한 말이나 관중이 죽은 후의 일이 적힌 점들이 있는데, 이것은 분명히 관중의 글이 아닐 것이다. 이러한 점 등으로 해서 주자(朱子)는 「관자라고 하는 책은 여러 사람의 글을 주워모은 것이다. 관자는 공적으로 나타난 사람일 뿐, 아마 직접 책을 쓰지는 않았을 것이라.」고 단정했다. 그러나 주자의 단정도 지나치다. 사기의 관안열전(管晏列傳)에 태사공(太史公)이 관자의 말이라 하여 인용한 말이 관자의 경언(經言)에 보이며, 또한 태사공이 관자의 목민(牧民), 산고(山高), 승마(乘馬), 경중(輕重), 구부(九府) 등을 읽었다고 한 이상, 관자의 저작으로 보고 있음을 알 수 있다. 결국 결정적으로 단언하기는 어려우나 관자의 경언 9편은 관자의 자찬(自撰)으로 보아 무방하지 않을까 한다. 그리고 나머지는 여러 시대에 걸쳐 여러 사람의 손으로 보충된 것이라 하겠다. 따라서 관자는 그 내용이나 사상이 혼잡함을 면치 못했다고도 하겠다.

관자의 주석서로는 당대(唐代)의 윤지장(尹知章)의 「관자 30권」이 있고, 청대(淸代)의 왕념손(王念孫), 손이양(孫詒讓), 대망(戴望), 유월(兪樾) 등의 교정과 주가 크게 참고된다.

참고로, 관자 86편의 편명을 추려서 보이겠다.

① 經言九篇…牧民, 形勢, 權修, 立政, 乘馬, 七法, 版法, 幼官, 幼官圖.

② 外篇八篇…五輔, 宙合, 樞言, 八觀, 法禁, 重令, 法法, 兵法.

③ 內言九篇…大匡, 中匡, 小匡, 王言,* 霸形, 霸言, 問, 謀失,* 戒.

④ 短語一八篇…地圖, 參患, 制分, 君臣上, 君臣下, 小稱, 四稱, 正言,* 侈靡, 心術上, 心術下, 白心, 水地, 四時, 五行, 勢, 正, 九變.

⑤ 區言五篇…任法, 明法, 正世, 治國, 內業.

⑥ 雜一三篇…封禪, 小問, 七臣七主, 禁藏, 入國, 九守, 桓公問, 度地, 地員, 弟子職, 言昭,* 修身,* 問霸.*

⑦ 管子解五篇…牧民解,* 形勢解, 立政九敗解, 版法解, 明法解.

⑧ 輕重一九篇…臣乘馬,* 乘馬數, 問乘馬, 事語, 海王, 國蓄, 山國軌, 山權數, 山至數, 地數, 揆度, 國准, 輕重甲乙, 丙,* 丁, 戊, 己, 庚.*

*표가 있는 것은 망실된 것.

관자(상)

제1편 목민牧民 경언經言 1

예기(禮記)에 있듯이 천(天)은, 만물의 시본(始本)으로 만물을 생성(生成)하고 자육(孳育)하고 특히 만민을 사랑한다(필자의 여러 논문이 있다). 따라서 천의 명(命)으로 만민을 다스리도록 천자(天子)나 군왕(君王)이 된 통치자(統治者)는 가축을 목양(牧養)하듯 백성들을 키우고 돌봐야 한다.

목민편은 5항(項)으로 나누어져 있다. 〔1〕 국송(國頌), 〔2〕 사유(四維), 〔3〕 사순(四順), 〔4〕 사경(士經), 〔5〕 육친오법(六親五法)이다.

탁월한 사상가이자 높은 실적을 쌓은 정치가였던 관자(菅子)는, 나라를 다스림에 있어서는 우선 생산을 높이고 물질적으로 부유하게 하며, 부(富)를 누린 위에서 예의염치(禮義廉恥)라는 사유(四維)를 가지고 인륜을 받쳐야 국가 사회가 영구히 존속되고 만민이 친화 단결된다고 주장했다. 즉 민생안정(民生安定) 위에 사회도의(社會道義)를 높여야 국가가 존립하고 발전한다고 주장했다.

다음으로 관자는, 정치의 요결(要訣)은 민심을 잘 파악하고 무리나 억압 없는 교화 훈도를 해나감에 있다고 천명했다. 특히 인민이 원하는 바를 채워주고 싫어하는 바를 덜어주면 인민들이 위정자를 위해 희생을 무릅쓰고 봉사할 것이다. 「줌과 받음(give and take)」의 원칙도 밝히고 있다.

따라서 정치는 어디까지나 유덕자(有德者)가 많아야 하며, 그가 민의(民意)에 따라 유능한 인재를 적재적소에 등용해 씀으로써 인민의 총력을 활용하고 신상필벌(信賞必罰)로써 인민의 선공(善功)을 돋아주며 항구성 있는 정책 수행으로 인민들과 일심동체가 되라고 주장했다.

끝으로 그는, 위정자는 큰 스케일과 공평무사(公平無私)한 태도로 만민을 애육(愛育)해야 하며, 올바른 지도이념(指導理念)과 정치도(政治道)에 입각하여 때를 살피고 재물을 절용하고 인력(人力)을 유감없이 활용하라고 주장했다.

B.C. 7세기의 놀라운 국정지침(國政指針)이라 하겠다.

– 不朽의 眞理 –

倉廩實, 則知禮節, 衣食足, 則知榮辱.

三維不張, 國乃滅亡.

政之所興, 在順民心, 政之所廢, 在逆民心.

故從其四欲, 則遠者自親, 行其四惡, 則近者叛之.

故知予之爲取者, 政之寶也.

錯國於不傾之地者, 授有德也.

故授有德, 則國安.

如地如天, 何私何親, 如月如日, 唯君之節.

御民之轡, 在上之所貴, 道民之門, 在上之所先, 召民之路, 在上之所好惡.

城郭溝渠, 不足以固守, 兵甲彊力, 不足以應敵, 博地多財, 不足以有衆. 帷有道者, 能備患於未形也. 故禍不萌. 天下不患無臣, 患無君以使之, 天下不患無財, 患無人以分之.

1. 국송(國頌)

나라를 다스리는 대요(大要)와 치란(治亂)의 근원을 밝혔다. 정치의 요는 다른 데 있지 않다. 농업생산을 높이고 용도를 조절하여 국고재물(國庫財物)을 풍성케 하며, 국토개발(國土開發)을 구석까지 이룩하여 인민이 어디서나 안락하게 살 수 있게 하는 데 있다. 관자는 경제제일주의(經濟第一主義)를 내세웠다. 물질이 풍성하고 안락하게 살 수 있으면 먼 곳의 인민들도 찾아든다. 국민경제가 안정되고 물질생활이 충족되어야 국민들은 예절을 지키고 또한 명예와 치욕을 구분할 수 있게 된다. 즉 국부(國富) 위에 도덕을 세워야 한다. 단, 나라가 부하고 물질이 풍성하다고 이를 낭비하고 사치와 허식에 빠져서는 안 된다. 낭비나 사치나 허식은 비생산과 같이 인민들을 허망과 난폭과 음란에 빠뜨리게 될 것이며, 따라서 형벌만이 번거롭게 될 것이다. 이는 정치의 정도(正道)가 아니다. 그러기에 앞서 허위, 허식, 교사(巧詐), 낭비, 사치를 금하고 예의염치(禮義廉恥), 즉 인륜 도덕의 사대강령(四大綱領)인 사유(四維)를 넓게 퍼뜨리고 시행케 함으로써 나라를 언제까지나 보전케 해야 한다. 그리고 나서 천신(天神), 인귀(人鬼), 지기(地祇), 종묘(宗廟)를 모시고 아울러 선조 선인들과 그들의 유법(遺法)을 지키고 계승하는 종교적 신앙 및 전통 계승과 효제(孝悌)의 윤리로 문화적 차원을 높여야 한다.

물질 위에 사회도덕을 세우고 다시 그 위에 종교적 신앙과 문화 전통을 수립하고자 주장한 관자의 정치관은 B.C. 7세기의 놀라운 창견(創見)일 뿐만이 아니라 21세기인 오늘에도 시사한 바가 크다. 특히 경제제일주의자인 관자가 끝에서 「사유부장(四維不張), 국내멸칠(國乃滅七)」이라고 인륜 도덕의 바탕인 「예의염치(禮義廉恥)」를 종국적으로 중요시한 점에 우리들은 깊이 생각하는 바가 있어야 하겠다. 인간도 동물이다. 따라서 물질 없이 생존할 수 없을 것이다. 그러나 인간의 가치는 물질적인 존재 이상이어야 한다.

1.

무릇 국토를 지니고 인민을 다스리는 임금은 일 년 사계절을 통한 농경 생산에 힘을 기울이고 아울러 국고(國庫)의 재물(財物)을 잘 지키고 용도를 잘 조절해야 한다.

국가에 재물이 많고 풍성하면 먼 사람들도 찾아들고 지역개발이 구석까지 잘 이루어지며, 인민들이 안락하게 거처할 수 있고, 국고 재물이 충족하면 비로소 예절도 알고 지키게 될 것이며, 의식(衣食)이 족하면 비로소 명예로운 일과 치욕적인 일을 구분해 알고 가려 행하게 될 것이며, 윗사람이 예와 법도를 잘 지키고 넘나지 않으면 일가친척이 굳게 단결하여 뭉칠 것이며, 네 가지 인륜도덕(人倫道德)의 대강(大綱)인 예의염치(禮義廉恥)를 넓게 베풀면 임금의 영이 잘 시행될 것이다.

凡有地牧民者, 務在四時, 守在倉廩.

國多財, 則遠者來, 地辟擧, 則民留處, 倉廩實, 則知禮節, 衣食足, 則知榮辱, 上服度, 則六親固, 四維張, 則君令行.

• 國頌(국송) : 頌은 容(용), 나라를 다스리는 대요(大要)와 치난

(治亂)의 원인을 밝혔다.

- 凡(범) : 대개, 무릇. 어법적(語法的)으로 주어나 제시어(提示語)를 지시(指示)한다.
- 有地牧民者(유지목민자) : 나라를 지니고 백성을 다스리는 사람, 즉 임금, 국왕(國王), 군주(君主), 유지(有地)는 유사(有士) 또는 유국(有國)이라고도 한다. 목민(牧民)은 「인민을 양육(養育), 교화(教化)하며 다스린다.」 국군(國君)은 「인민을 눌러 다스릴 것이 아니라 목양(牧養)하듯 키우며 다스린다.」는 뜻.
- 務在四時(무재사시) : 일 년 사계절을 살펴 농경 생산에 힘을 써야 한다. 務는 노력하다. 힘쓰다. 在는 「…에 있다.」라는 본동사(本動詞)이지만, 이런 경우는 가볍게 풀어도 좋다. 즉 「務는 四時에 있다.」라고 풀지 말고 「四時에 힘쓰라.」고 다음도 같다. 「창름(倉廩)을 지키라.」
- 守在倉廩(수재창름) : 倉廩은 곡물(穀物) 창고, 국고(國庫). 守는 지키다, 책임지고 관리하다. 즉 국가의 재물과 인민의 양식을 지키고 관리하여 항시 조절하고 적절히 사용해야 국가 용도(用度)나 인민생활에 궁핍이 없게 한다.
- 地辟擧(지벽거) : 국토나 지역 개발이 구석까지 잘 이루어진다. 辟은 闢(벽)에 통하며, 개간(開墾)의 뜻.
- 民留處(민류처) : 만민(萬民)들이 머물러 편안히 산다. 處는 안락하게 거처(居處)하다.
- 榮辱(영욕) : 명예나 영광, 또는 치욕이나 불명예.
- 上服度(상복도) : 윗사람이 예(禮)와 법도(法度)를 잘 지켜 행하고 넘나지 않는다. 服은 行, 즉 실천하다. 伏, 즉 순종하다.

또한 습용(習用)하다. 度는 법도(法度), 법제(法制), 한도(限度), 또는 예도(禮度).

- 六親(육친) : 일가친척 전부를 가리킨다. 六親에 대해서는 설이 많다. 부모형제처자라고도 하며, 또는 부(父), 자(子), 종부형제(從夫兄弟), 종조형제(從祖兄弟), 증조형제(曾祖兄弟), 족형제(族兄弟)라고도 한다.
- 固(고) : 굳게 뭉치고 안정된다. 固는 견고(堅固), 안정(安定).
- 四維(사유) : 維는 綱(강)과 통하며, 뜻은 줄기, 벼리, 강령(綱領). 즉 국가나 인륜(人倫)의 바탕이 되는 네 가지의 큰 줄기, 즉 강령으로 예(禮) 의(義) 염(廉) 치(恥)를 말한다.
- 張(장) : 넓게 베풀어 시행(施行)하다.

2.

따라서 형벌(刑罰)을 폐감(廢減)시키는 요결(要訣)은 바로 허식(虛飾)이나 교사(巧詐)를 금하는 데 있으며, 나라를 보존하는 법도는 바로 예의염치 사유(四維)를 잘 밝히고 다스리는 데 있다.

인민을 잘 교화훈도(敎化訓導)하여 다스리는 길은, 인귀(人鬼), 천신(天神)들을 밝혀 높이 모시고, 또한 산천(山川)에 제사를 드려 공경하며 아끼고, 아울러 종묘를 숭경(崇敬)하고 또한 선조나 선인(先人)들을 공경하며 그들의 유법(遺法)을 잘 계승하는 데 있다.

故省刑之要, 在禁文巧, 守國之度, 在飾四維. 順民之經, 在明鬼神, 祇山川, 敬宗廟, 恭祖舊.

- 省刑(생형) : 형벌을 감소시킨다. 省은 감소(減少) 또는 폐거(廢去).
- 要(요) : 요결(要訣), 요도(要道).
- 文巧(문교) : 사치나 허식. 文은 수식(修飾), 巧는 거짓 꾸밈. 즉 허례허식(虛禮虛飾)이나 교사(巧詐).
- 守國之度(수국지도) : 나라를 잘 지키는 법도(法度). 度는 길(道)로 풀어도 좋다.
- 飾(식) : 밝혀내다. 著(저)에 통한다. 또한 飭(칙)으로 「삼가(謹) 바르게(正) 닦는다(修治).」라는 뜻으로도 푼다.
- 順民之經(순민지경) : 만민을 다스리는 길. 順은 도리(道理)에 따라 훈도(訓導) 교화(敎化)하며 다스리다. 經은 법(法) 길(道). 변하지 않는 상법(常法), 상도(常道).
- 明(명) : 밝혀 높인다. 明은 尊(존), 높이고 모신다.
- 鬼神(귀신) : 鬼는 인신(人神), 神은 천신(天神). 사람이 죽으면 몸(形體)은 땅(地)에 돌아가고, 넋(魄)은 하늘에 올라가 귀(鬼)가 된다. 천지만물을 창조하고 주재(主宰)하는 유일무이(唯一無二)의 최고 절대인 신을 천신(天神)이라고 하며, 그 밑에 여러 군신(群神)들이 있다. 이들을 통칭하여 신(神)이라고

도 한다. 또한 형체(形體)의 영(靈)을 귀(鬼)라고 하며, 정신(精神)의 영을 신(神)이라고도 한다. 따라서 「明鬼神」이란, 유형(有形)이었던 사람의 영혼인 인귀(人鬼)나 처음부터 무형(無形)적 존재였던 천신(天神)이나 군신(群神)들을 모시되 그들 귀신의 품계서위(品階序位)를 잘 밝혀 모신다는 뜻이다.

- 祗山川(지산천) : 祗(기)는 원래 토지(土地)의 신(神)의 뜻이다. 여기서는 공경한다는 동사로 「지」로 읽는다. 즉 산천(山川)에 제사를 지내고 공경하여 아낀다는 뜻.
- 敬宗廟(경종묘) : 종묘를 숭경(崇敬)한다. 宗廟는 역대 제왕의 위패(位牌)와 더불어 영(靈)을 모시는 사당. 원래는 조상의 영을 모시는 묘(廟)의 뜻이었다.
- 恭祖舊(공조구) : 선조의 구법(舊法)을 공경하고 계승(繼承)한다. 한편 부조(父祖)나 구고(舊故), 즉 「선인(先人)들을 공경한다.」는 뜻으로도 푼다.

3.

하늘이 주재(主宰)하는 사계절을 좇아 농경생산에 힘쓰지 않으면 국가 재산이 늘지 않을 것이며, 토지를 개간하여 이용하지 않으면 국고가 차지하지 못할 것이다.

임야가 황폐하고 텅 비면 인민들은 궁핍에 몰려 간악하게 되며, 위정자(爲政者)가 법도와 절제를 지키지 못하고 넘나들면 인민들은 허망에 빠져 난(亂)하게 된다.

허식이나 교사를 금하지 않으면 인민들은 사치나 음란에 젖게 되며 두 개의 근원, 즉 인민들이 난(亂)하게 되는 무량(無量)과 인민들이 음(淫)에 젖는 문교(文巧)를 막지 않으면 인민들의 난음(亂淫)과 더불어 형벌(刑罰)이 번거롭게 이루어질 것이며, 인귀나 천신을 밝혀 높이 모시지 않으면 일반 대중의 신앙이 트이지 못할 것이며, 온갖 산천(山川)에 제사를 드려 공경하지 않으면 엄한 군령(君令)이 두루 알려지지 못할 것이며, 종묘를 경숭하지 않으면 인민들이 윗사람의 권위와 맞서게 되며, 선조나 선인들을 공경하고 그들의 유법을 높이지 않으면 효제(孝悌)가 옳게 실천되지 않는다.

「예의염치」 사유(四維)가 넓게 베풀어지지 않으면 나라는 망하게 된다.

不則天時, 則財下生, 不務地利, 則倉廩不盈.

野蕪曠, 則民乃菅, 上無量, 則民乃妄.

文巧不禁, 則民乃淫, 不璋兩原, 則刑乃繁, 不明鬼神, 則陋民不悟, 不祗山川, 則威令不聞, 不敬宗廟, 則民乃上校, 不恭祖舊, 則孝悌不備.

四維不張, 國乃滅亡.

• 天時(천시) : 하늘이 운행하는 춘하추동 사계절. 天은 천문(天文)으로 풀어도 좋다.
• 地利(지리) : 토지를 개간하여 농경에 이용하다.
• 盈(영) : 충만하다.
• 蕪曠(무광) : 蕪는 황폐(荒廢)하다, 거칠다. 曠은 텅 비다. 공허(空虛)하다. 즉 아무것도 나지 않는 황무지.
• 菅(간) : 姦(간)의 가차자(假借字), 간악하다, 간사하다. 도적질하다. 荒의 오기(誤記)라고 보는 설도 있다.
• 無量(무량) : 절제나 한도가 없다. 이는 바로 음(淫)이다. 量은 제도(制度), 법도(法度)의 度와 통한다.
• 乃(내) : 則(즉)과 같다.
• 妄(망) : 허망(虛妄)하다. 불법(不法)하고 난(亂)하다. 罔(망)과 통하며 무지하다, 속인다. 盲(맹)의 가차(假借)로 눈멀다.
• 淫(음) : 넘나다. 지나치게 사치하고 음란한 풍조에 젖는다.
• 璋(장) : 밝히다. 章(장), 彰(창)과 통한다. 단, 여기서는 障(장)으로 보고 막다(塞)의 뜻(戴望校正).
• 兩原(양원) : 두 개의 근원(根源). 原은 源. 즉 妄의 근원인 「上無量」과 淫의 근원인 「不禁文巧」.
• 繁(번) : 번잡스럽고 다단(多端)하다.
• 陋民(루민) : 일반 대중, 천민(賤民), 하민(下民).
• 悟(오) : 깨닫다. 알다. 悟를 俊(준)으로 고친다(改)의 뜻으로도 풀고 또는 信(신), 믿는다로 풀기도 한다.
• 不祗山川, 則威令不聞(부지산천, 즉위령불문) : 군왕이나 위정담당자들이 전국의 산천에 두루 제사를 드리지 않으며, 엄

한 군령(軍令)이 두루 전파되고 알려지지 않는다. 不聞은 피동적인 뜻으로 들린다, 즉 알려지다.

- 上校(상교) : 校는 效(효), 본받다. 따르다. 한층 더 나가 較(교)로 보고, 군왕이 종묘를 존경하지 않으면 인민들도 본을 따서 군왕과 서로 맞서서 다툰다로 풀기도 한다.
- 備(비) : 갖추어지다. 이루어지다. 옳게 실천되다.

2. 사유(四維)

사유란, 네 줄기(綱)다. 즉 나라를 받들어 주고 있는 도의적(道義的) 사대강령(四大綱領)으로 예의염치(禮義廉恥)를 가리킨다. 물질만으로 국가가 존립(存立)할 수는 없다. 예(禮)는 자기의 절도나 분수를 지키는 것이다. 의(義)는 사리사욕(私利私慾)을 채우고자 무경우하게 나서고 탐취(貪取)하지 않는 것이다. 염(廉)은 청렴(淸廉), 검박(儉朴), 강직(剛直)하고 자기의 잘못이나 죄악을 감싸지 않음이다. 치(恥)는 수치와 치욕(恥辱)을 가리고 남의 포악무도(暴惡無道)에 추종(追從)하지 않음이다. 사람들이 저마다 예로써 절도를 지키면 신분계급과 사회질서가 안정된다. 정의와 도리를 지켜 탐취(貪取)나 사리(私利)를 벌일 때, 만민(萬民)은 교사(巧詐) 아닌 의리를 좇게 된다. 염직

(廉直)하면 온갖 행실이 온전하게 되며, 염치(廉恥)를 알 때 남을 따라 왕도(枉道)를 걷지 않을 것이다.

예의염치(禮義廉恥)는 바로 국가를 받드는 사유(四維)인 것이다.

1.

나라에는 사유(四維)라고 하는 네 줄기가 있어서 나라를 받들고 있다.

한 줄기가 끊어지면 나라가 기울고, 두 줄기가 끊어지면 나라가 위태롭게 되고, 세 줄기가 끊어지면 나라가 엎어지고, 네 줄기가 다 끊어지면 나라는 멸망하고 만다.

기운 것은 바로잡을 수 있고, 위태롭게 된 것도 안정시킬 수 있으며, 엎어진 것도 다시 일으킬 수 있다. 그러나 멸망한 나라는 다시는 어찌할 도리가 없다.

國有四維.

一維絕, 則傾, 二維絕, 則危, 三維絕, 則覆, 四維絕, 則滅.

傾可正也, 危可安也, 覆可起也, 滅不可復錯也.

- 絕(절) : 절단(絕斷). 끊어지다.
- 傾(경) : 기울어지다. 상(傷)하다.
- 危(위) : 위태롭다. 두렵다.
- 覆(복) : 넘어지다. 쓰러지다.
- 滅(멸) : 멸망하다.
- 不可復錯(불가부조) : 다시는 어찌할 도리가 없다. 錯는 措(조)로, 다스리다(治), 시행(施行)하다의 뜻으로 푼다.

2.

사유라고 하는 네 줄기는 무엇을 가리키는가?

첫째는 예(禮)를 말하고, 둘째는 의(義)를 말하고, 셋째는 염(廉)을 말하고, 넷째는 치(恥)를 말한다.

예란, 절도를 넘나지 않음이고, 의란 스스로 나서지 않음이고, 염이란 악을 감싸지 않음이고, 치란 사악함에 따르지 않음이다.

따라서 사람들이 예를 지켜 절도를 넘나지 않으면 윗자리의 사람이 안존(安存)할 것이며, 무경우하게 자기만을 내세우고 나서는 일 없이 의를 지키면 인민들이 교사(巧詐)롭지 않을 것이며, 염직(廉直)하여 자기의 죄악을 감싸지 않으면 모든 행실들이 저절로 온전하게 되며, 수치를 알아 남의 사악함을 따르지 않으면 간사한 일들이 일어나지 않을 것이다.

何謂四維.

一曰禮, 二曰義, 三曰廉, 四曰恥.

禮不踰節, 義不自進, 廉不蔽惡, 恥不從枉.

故不踰節, 則上位安, 不自進, 則民無巧詐, 不蔽惡, 則行自全. 不從枉, 則邪事不生.

- 禮(예) : 원래의 자의(字義)는 제물(祭物)을 괴어 제사를 지내어 천(天)의 계시를 받는다는 뜻이다. 「示 (시)」와 「豊(례)」의 회의자(會意字)다. 「示」는 「⼆(상, 上)」 즉 상제(上帝), 천(天)이 내리는 「일(日) 월(月) 성(星)」을 표상하는 「水(삼)」의 합자(合字)이며, 「豊」는 「豆(두)」, 즉 제물을 괴는 예기(禮器)로 그 위에 값진 구슬을 넣은 그릇, 즉 「𠁁」을 얹앤 자이다. 즉 예(禮)는 천의(天意)나 천리(天理)를 받들어 섬기고, 이를 실천하고 나아가서는 인간사(人間事)를 다스린다는 뜻이었다. 따라서 禮는 理다. 履라고도 푼다. 이를 「承天事人」이라고 한다. 그러나 후에 와서 禮는 욕심을 조절하고 서로 사양하며 절도(節度)를 넘지 않는다는 뜻으로도 쓰였다. 맹자(孟子)는 「사양하는 마음은 예의 근본이다.(辭讓之心, 禮之端也.)라고 했다. 여기서는 禮의 중화(中和)와 절도를 주로 보고 있다.
- 禮不踰節(예불유절) : 踰는 넘어서다. 節은 절도나 분수(分數). 예를 지키는 사람은 절도를 넘지 않는다. 단 한어(漢語)

의 주어(主語)는 부사(副詞)로 풀이될 수 있다. 따라서 「禮를 지키면 절도를 넘나지 않는다.」라고도 풀 수 있다.

- 義(의) : 맹자(孟子)는 「의는 사람의 바른 길이다.(義, 人之正路也.)」라고 했다. 義는 宜(의)다. 즉 옳은 이치(理)이며, 바른길(路)이다. 문자학(文字學)적으로는 「나의(我) 양(羊)」이란 뜻이다. 남의 양을 탐내고 취하는 것은 불의(不義)다. 맹자는 「잘못을 부끄러워하는 마음이 의(義)의 근본이다.(羞惡之心, 義之端也.)」라고 했다.
- 義不自進(의부자진) : 의(義)를 지키는 사람은 욕심스럽고 무경우하게 스스로 자기를 선전하거나 천거하고 나서지 않는다.
- 廉(염) : 청렴(淸廉)하고, 검박(儉朴)하고, 강직(剛直)하다는 뜻이 다 포함되어 있다. 염직(廉直).
- 恥(치) : 치욕(恥辱), 창피. 맹자(孟子)는 「사람은 창피가 없을 수 없다(人不可以無恥).」라고 했다. 창피를 안다는 것이 바로 사람의 특성이자 뛰어난 점이다.
- 上位(상위) : 윗자리에 있는 사람.
- 巧詐(교사) : 교묘하게 꾸미어 남을 속이다. 허식과 사기.
- 蔽(폐) : 덮는다. 숨긴다.
- 行自全(행자전) : 행동이 제물로 완전하게 되다. 全은 온전(隱全).
- 枉(왕) : 사악(邪惡)하고 굽은 것. 狂(광)과도 통한다.
- 邪事(사사) : 간사(奸邪)롭고 사악(邪惡)한 일.

3. 사순(四順)

정치의 요결(要訣)은 민심의 소재를 정확히 파악하고, 그들이 원하는 바를 충족시켜 주고, 그들이 싫어하는 바를 덮어주는 데 있다. 이는 「줌과 받음(give and take)」의 원칙이기도 하다.

인민은 우로(憂勞), 빈천(貧賤), 위추(危墜), 멸절(滅絕)의 네 가지를 싫어하고, 일락(佚樂), 부귀(富貴), 존안(存安), 생육(生育)의 네 가지를 바란다. 이것이 사오(四惡)이며, 사욕(四欲)이다. 쉽게 말하면, 사오(四惡)는 노고(勞苦), 빈천(貧賤), 개인 생명의 위험 및 일가의 절멸(絕滅)이다. 예나 지금이나 이를 싫어하는 것은 인지상정(人之常情)이다. 한편 사욕(四欲)은 안락(安樂), 부귀(富貴), 개인 생명의 안전 및 일가의 번영이다. 이를 소망하는 것도 당연하다. 따라서 위정자는 인민들에게 의당히 원하는 바를 충족시켜 주고 당연히 기피하는 바를 덮어주어야 한다. 그러면 인민들도 위정자를 위하여 물불을 가리지 않고 헌신 봉사할 것이다. 「줌과 받음」의 원칙을 무시하고, 민심을 거역하고, 형법이나 살육을 아무리 강화해도 이른바 정치는 이루어지지 않는 법이다.

1.

민심을 순성(順成)시키면 나라 다스림이 흥성하고, 민심을 거역하면 나라 다스림이 폐망한다.

인민들은 우환이나 노고를 싫어하므로, 위정자인 내가 그들을 안일(安佚)하고 강락(康樂)케 해주어야 한다. 인민들은 가난과 천대를 싫어하므로 위정자인 내가 그들을 부유하고 귀하게 해주어야 한다. 인민들은 자기 자신이 위험이나 재앙에 빠져들기를 싫어하므로, 위정자인 내가 그들의 안존(安存)을 보장해 주어야 한다. 인민들은 자기 집안이 멸망하고 근절되기를 싫어하므로, 위정자인 내가 그들의 번성(蕃盛)과 생육(生育)을 도와주어야 한다.

내가 능히 그들을 안일하고 강락하게 해주고 보면, 그들은 나를 위해 우환이나 노고를 아끼지 않을 것이며, 내가 능히 그들을 부유하고 귀하게 해주고 보면, 그들은 나를 위해 가난과 천대도 감수(甘受)할 것이며, 내가 능히 그들의 안존을 보장해 주면, 그들은 나를 위해 위험이나 재앙 속에도 빠져들 것이며, 내가 능히 그들의 번성과 생육을 도와주면, 그들은 나를 위해 자신의 멸망과 근절도 돌보지 않을 것이다.

政之所興, 在順民心, 政之所廢, 在逆民心.

民惡憂勞, 我佚樂之, 民惡貧賤, 我富貴之, 民惡危墜, 我存安之, 民惡滅絕, 我生育之.

能佚樂之, 則民爲之憂勞, 能富貴之, 則民爲之貧賤, 能存安之, 則民爲之危墜, 能生育之, 則民爲之滅絕.

- 政之所興(정지소흥) : 정치가 흥하는 바. 所는 다음의 술어(述語)를 명사화(名詞化)시킨다. 興은 일어나다. 잘되다. 흥성하다. 실적이 오르다. 興을 行이라고 보기도 한다.
- 廢(폐) : 기울다. 무너지다. 막히다.
- 民惡憂勞(민오우로) : 인민은 우로를 싫어한다. 憂는 우환(憂患), 근심, 걱정, 심적 고통, 勞는 노고, 육체적 괴로움.
- 我佚樂之(아일락지) : 군왕인 나는 그들 인민을 안일(安佚)하고 강락(康樂)케 해준다. 之는 民(인민).
- 危墜(위추) : 墜는 떨어지다. 빠지다. 위험이나 재화(災禍)에 떨어져 들다.
- 存安(존안) : 안락하게 있게 하다. 안처(安處).
- 能佚樂之, 則民爲之憂勞(능일락지, 즉민위지우로) : 군왕이 인민들을 일락하게 해줄 수 있다면, 인민들은 그 군왕을 위하여 심신(心身)의 노고를 바친다.

2.

그런고로 형벌만으로는 인민들의 의중(意中)에 의구심(畏懼心)을 돋아주기에 부족하고, 살육만으로는 인민들의 마음을 굴복시키기에 부족하다.

따라서 형벌을 번거롭게 했는데도 인민들이 속에서 두려워하지 않는다면, 군령(君令)이 실천되지 못할 것이다. 또한 살육을 많이 했는데도 인민들이 마음으로 복종하지 않는다면, 윗자리의 사람이 위태롭게 마련이다.

따라서 인민들의 네 가지 소원, 즉 일락(佚樂), 부귀(富貴), 존안(存安), 생육(生育)을 충족시켜 주도록 잘 다스리면, 먼 곳의 사람들도 스스로 친근하게 찾아들 것이며, 반대로 인민들이 싫어하는 바 4가지, 즉 우로(憂勞), 빈천(貧賤), 위추(危墜), 멸절(滅絶)을 초래하게끔 잘못 다스리면 친근하던 자들까지 반역자가 된다.

따라서 「주는 것이 취하는 것이 된다.」는 진리를 아는 것이, 바로 정치의 보배로운 비결이니라. 인민으로부터 뺏기 전에 먼저 주어야 한다. 먼저 주면 이쪽에서 뺏기 전에 먼저 스스로 가져 온다.

故刑罰不足以畏其意, 殺戮不足以服其心.

故刑罰繁, 而意不恐, 則令不行矣. 殺戮衆, 而心不服, 則上位危矣.

故從其四欲, 則遠者自親, 行其四惡, 則近者叛之.

故知予之爲取者, 政之寶也.

- 畏其意(외기의) : 그들 인민들의 마음을 두렵게 하다.
- 殺戮(살육) : 사람을 마구 죽이다.
- 服其心(복기심) : 인민의 마음을 순복(順服)시키다.
- 從其四欲(종기사욕) : 從은 좇아 다스리다. 四欲은 인민들이 바라는 바 네 가지, 즉 일락(逸樂), 부귀(富貴), 존안(存安), 생육(生育).
- 行其四惡(행기사오) : 인민들이 증오하는 바를 행하다. 四惡는 우로(憂勞), 빈천(貧賤), 위주(危墜), 멸절(滅絕).
- 予之爲取者(여지위취자) : 남에게 주는 것이 남으로부터 취하는 것임을 (알다) 어법적(語法的)으로 전체가 知의 목적어.

4. 사경(士經)

사경(士經)의 사(士)자는 「十一」의 오기라 보고 11경(經), 즉 「열하나의 강령」이라 잡는 설도 있다. 과연 11개항의 정치적 강령이 적혀 있다.

이를 요약하면 다음과 같다.

〈1〉 유덕자(有德者)에게 국정(國政)을 맡겨야 국가가 안태(安泰)롭다.

〈2〉 농업생산(農業生産)을 높여 인민의 식량을 충족시켜라.

〈3〉 농가부업(農家副業)으로 뽕(桑)이나 삼(麻)을 키우고, 가축을 사육하여 인민생활을 부유하게 하라.

〈4〉 민의(民意)의 소재를 잘 파악하여 순리로운 영(令)을 내려 민심이 이를 잘 따르고 지킴으로써 국가의 권위나 명령이 시행되도록 하라. 마치 샘터의 물이 밑으로 흘러내리듯이 무리 없이 국가의 영이 밑으로 퍼지게 해야 한다.

〈5〉 인민은 적재적소(適材適所)에 등용하고 저마다의 뛰어난 점을 살려 활용하면 헛되게 벼슬자리 다툼도 없거니와 국가적으로도 만반의 용역(用役)이 갖추어진다. 무능무재(無能無材)한 자의 엽관운동(獵官運動)도 저절로 근절된다.

〈6〉 범죄자나 역적은 종국적으로 반드시 죽음의 길만이 있음을 밝혀 국가의 형벌을 엄하게 다스림으로써 인민들이 스스로 죄에서 멀어지게 하라. 유죄자(有罪者)는 필멸(必滅)임을 밝혀라.

〈7〉 선공자(善功者)에게 반드시 국가적인 포상(褒賞)을 내려라. 그러면 인민들도 선공을 위해 고난도 가볍게 여기게 된다.

〈8〉 인민의 힘을 잘 계량(計量)하고 아껴라. 그래야 국가적인 대사(大事)를 성취할 수 있다.

〈9〉 인민들을 강압(强壓)하지 말라. 그래야 인민들도 교사(巧詐)를 농하지 않는다.

〈10〉 인민으로부터 수탈(收奪)하지 말라. 수탈은 원한의 원인이다.

〈11〉 인민을 기만하지 말라. 그래야 인민들이 스스로 위정자에게 가까워진다.

1.

나라의 기틀을 기울지 않는 굳건한 바닥 위에 세워라. 곡식들을 메마르지 않도록 풍성하게 창름(倉廩)에 쌓아두라. 재물들이 바닥나지 않게 무진장 국고(國庫)에 저장하라. 샘터에서 물이 흘러내리듯 순리롭게 영(令)을 내려 퍼지도록 하라. 인민을 쓰되 헛되게 벼슬자리를 쟁탈하는 일이 없게 하라. 죄를 진 자에게는 반드시 죽음의 길만이 있음을 밝혀라. 선공(善功)을 세운 자에게는 반드시 얻음의 문이 열리게 하라.

불가능한 일을 억지로 강행하지 말라. 얻을 수 없는 것을 억지로 구하지 말라. 항구성(恒久性)이 없는 일을 일시적으로 처리하지 말라. 다시 되풀이할 수 없는 일을 즉흥적으로 행하지 말라.

錯國於不傾之地, 積於不涸之倉, 藏於不竭之府, 下令於流水之原, 使民於不爭之官, 明必死之路, 開必得之門, 不爲不可成, 不求不可得, 不處不可久, 不行不可復.

• 士經(사경) : 士를 事로 보고 정사(政事)의 대법(大法)으로 풀기도 하며, 다른 설로는 士는 十一의 오기(誤記)며 「11經」이 옳다고 하기도 한다. 앞에는 4維, 4順이 있고 뒤에는 六親五法이 있으니, 11經이라 잡을 만도 하며 내용도 11개 항목으로 되어 있다.

• 錯國於不傾之地(조국어불경지지) : 나라를 기울지 않는 땅에 놓다.

• 積於不涸之倉(적어불고지창) : 메마르지 않는 창고에 쌓다. 즉 창름(倉廩)에 오곡(五穀)을 풍성하게 쌓아둔다는 뜻.

• 府(부) : 저장고(貯藏庫).

• 下令於流水之原(하령어유수지원) : 原은 源. 흐르는 물의 원천에서 영을 내리다. 즉 높은 수원지에서 물이 흘러 사방으로 흘러 내려가듯 술술 퍼지고 시행될 수 있게 순리(順理)로운 영을 내려야 한다는 뜻.

• 使民於不爭之官(사민어부쟁지관) : 인민을 부려 쓰되 관직(官職)을 쟁탈(爭奪)하지 않게 하면서 쓴다. 적재적소(適材適所)의 뜻이 많다.

• 明必死之路(명필사지로) : 반드시 죽음에 이르는 길을 밝힌다. 즉 죄를 지면 반드시 엄벌(嚴罰)이나 극형(極刑)을 받는다는 것을 밝힘.

• 開必得之門(개필득지문) : 잘하고 공을 세우면 반드시 얻는 바 있음을 실증하는 문을 누구에게나 열어주다.

• 不爲不可成(불위불가성) : 이루어서는 안될 일, 또는 이루지 못할 일을 하지 않는다.

• 不求不可得(불구불가득) : 얻을 수 없는 것, 또는 얻어서는 안될 것을 구하지 않는다.

• 不處不可久(불처불가구) : 오래 갈 수 없는 자리에 처해 있지 않는다. 즉 언제까지나 떳떳하게 있을 수 있는 자리에 처해 있어야 한다는 뜻. 임시로 어울리지 않는 자리를 차고 앉지 말라. 處를 처리로 풀어 일시적인 일을 다스리지 말라로 해석해도 좋다.

• 不行不可復(불행불가복) : 다시 되풀이할 수 없는 일을 행하지 말라.

2.

〈1〉 나라의 기틀을 기울지 않는 굳건한 바닥 위에 세우라 함은, 유덕자(有德者)에게 국권(國權)을 맡긴다는 뜻이다.

〈2〉 곡식들을 메마르지 않도록 풍성하게 창름에 쌓아두라 함은, 오곡(五穀), 즉 농업생산에 힘쓰라는 뜻이다.

〈3〉 재물들이 바닥나지 않게 무진장 국고에 저장하라 함은, 백포(帛布)의 바탕인 상마(桑麻)를 키우고 아울러 육축(六畜)을 사육하라는 뜻이다.

〈4〉 샘터에서 물이 흘러내리듯 순리롭게 영을 내려 퍼지도록 하라 함은, 민의(民意)를 파악한 순리로운 영으로써 민심을 교화 훈도한다는 뜻이다.

〈5〉 인민을 쓰되 헛되게 벼슬자리를 쟁탈하는 일이 없게 하라 함은, 저마다 뛰어난 바를 가려 적재적소(適材適所)에 쓰라는 뜻이다.

〈6〉 죄를 진 자에게는 반드시 죽음의 길만이 있음을 밝히라 함은, 국가의 형벌을 엄하게 다스린다는 뜻이다.

〈7〉 선공을 세운 자에게는 반드시 얻음의 문이 열리게 하라 함은, 어김없이 국가적인 포상(褒賞)을 하라는 뜻이다.

〈8〉 불가능한 일을 억지로 강행하지 말라 함은, 인민의 힘을 계량(計量)하고 아끼라는 뜻이다.

〈9〉 얻을 수 없는 것을 억지로 구하지 말라 함은, 인민들이 싫어하는 바를 강압적으로 눌러 시행해서는 안 된다는 뜻이다.

〈10〉 항구성이 없는 일을 일시적으로 처리하지 말라 함은, 인민들로부터 일시적인 수탈을 하지 말라는 뜻이다.

〈11〉 다시 되풀이할 수 없는 일을 즉흥적으로 행하지 말라 함은, 인민들을 임사응변적(臨事應變的)으로 기만하지 말라는 뜻이다.

錯國於不傾之地者, 授有德也.

積於不涸之倉者, 務五穀也.

藏於不竭之府者, 養桑麻, 育六畜也.

下令於流水之原者, 令順民心也.

使民於不爭之官者, 使各爲其所長也.

明必死之路者, 嚴刑罰也.

開必得之門者, 信慶賞也.

不爲不可成者, 量民力也.

不求不可得者, 不彊民以其所惡也.

不處不可久者, 不偸取一世也.

不行不可復者, 不欺其民也.

- 授有德(수유덕) : 덕 있는 사람에게 국사(國事), 정사를 맡기다.
- 務五穀(무오곡) : 식량생산에 힘을 쓰다. 五穀은 稻(도 · 벼), 黍(서 · 기장), 稷(직 · 메기장), 麥(맥 · 보리), 菽(숙 · 콩).
- 養桑麻(양상마) : 뽕나무와 삼을 키워야 帛(백 · 비단)과 布(포 · 베), 즉 옷감을 생산한다.
- 育六畜(육육축) : 가축을 사육한다. 六畜은 馬(마), 牛(우), 羊(양), 雞(계 · 닭), 犬(견), 豕(시 · 돼지). 畜는 「축」으로 읽어도 무방하다.
- 使各爲其所長(사각위기소장) : 각자로 하여금 자기의 장점이나 장기(長技)로 삼는 바를 이룩하게 하다. 그래야 저마다 자기 직분에 만족하고 즐기며 공연히 관직을 탐내고 뺏으려 하지 않는다.
- 信慶賞(신경상) : 信은 반드시 밝힌다는 뜻. 慶은 경축, 경하(慶賀)의 뜻. 선행자(善行者)를 반드시 경하하고 시상(施賞)한다. 앞에 있는 嚴刑罰과 같이 「信賞必罰」이라 하겠다.
- 彊(강) : 强(강). 인민을 강압적으로 몰아 그들이 싫어하는 바를 하게 하지 않는다.
- 偸取(투취) : 도둑질하듯 일시적으로 취하다.
- 一世(일세) : 여기서는 한때(一時)의 뜻으로 본다.

3.

결국 유덕자에게 국권을 맡기면 나라가 안태(安泰)롭고 오곡, 즉 농업생산에 힘을 쓰면 인민의 식량이 충족되고 쌍마를 키우고 육축을 사육하면 인민들이 부유하고 나라의 영이 민심을 좇아 순리롭게 내려지면 나라의 권위와 명령이 잘 시행되고 저마다 뛰어난 바를 가려 적재적소에 맞게 인민들을 등용해 쓰면 국가적으로 온갖 용역(用役)이 구비되며, 국가의 형벌을 엄하게 다스리면 인민들은 사악한 범죄를 멀리하게 되며, 어김없이 국가적인 포상을 하면 인민들은 선공을 세우기 위해 어려움도 가볍게 여길 것이며, 인민의 힘을 계량하고 아끼면 국가적인 사업으로 안될 것이 없게 되며, 인민이 싫어하는 바를 강압하지 않으면 교사(巧詐)나 허위가 나오지 않을 것이며, 인민들로부터 일시적인 수탈을 하지 않으면 인민들이 나라에 대해 원한을 품지 않을 것이며, 인민들을 기만하지 않으면 아랫사람들이 윗사람에게 친근감을 갖게 될 것이다.

故授有德, 則國安, 務五穀, 則食足, 養桑麻, 育六畜, 則民富, 令順民心, 則威令行, 使民各爲其所長,則用備, 嚴刑罰, 則民遠邪, 信慶賞, 則民輕難, 量民力, 則事無不成, 不彊民以其所惡, 則詐僞不生, 不偷取一世, 則民無怨心, 不欺其民, 則下親其上.

- 用備(용비) : 用은 용역(用役), 직분(職分), 인재(人材)의 뜻. 備는 구비되다. 즉 각계각층의 직분과 인재가 고루 갖추어지다.
- 民遠邪(민원사) : 인민이나 백성이 사악한 것, 범죄를 멀리한다.
- 輕難(경난) : 선행(善行)이나 공(功)을 세우기 위해서는 어려움도 가볍게 여긴다.
- 詐僞不生(사위불생) : 사기나 허위가 일어나지 않는다. 백성이 싫어하는 바를 강압적으로 할 때 백성들은 기만과 허위에 빠지기 쉽다.
- 怨心(원심) : 원망하는 마음.
- 下親其上(하친기상) : 아랫사람들이 윗사람에게 친애감을 느끼고 가까워진다.

5. 육친오법(六親五法)

크게 삼단(三段)으로 나눌 수 있다.

〈1〉 천하를 다스리는 자는 만물을 생육(生育)하는 천지

(天地)나 또는 만물을 고루 비치는 일월(日月)같이 넓은 도량으로 만민을 포섭하고, 또한 만민에게 고루 은덕을 베풀어 주어야 한다. 임금의 절도(節度)는 공평무사(公平無私)다.

〈2〉 윗자리에 있는 임금은 인민이나 신하 앞에 자기의 지도이념(指導理念)이나 의도나 기호(嗜好)하는 바나 또는 금기(禁忌), 증오(憎惡)하는 바를 명백히 알리고, 동시에 내면적인 생각과 외면적인 태도를 표리일치(表裏一致)하게 내보여야 한다. 통치자가 공명정대(公明正大)해야 아랫사람들이 망설임 없이 그를 보필(輔弼)할 수 있다. 군주는 신하에게 속을 보이지 말라고 한 한비자(韓非子)와 대조적이라 하겠다.

〈3〉 물질이나 무력만으로는 국가를 지키고 다스릴 수 없다. 올바른 정치도(政治道)를 체득하고 실천하는 자라야 한다. 이러한 유도자(有道者)라야 양신(良臣)을 등용할 수 있고, 때를 살피어 생산(生産)을 높일 수 있고, 재물을 활용하고 절용할 수도 있다.

1.

집안을 다스릴 척도(尺度)를 가지고 고을을 다스려봤

자 고을은 다스려질 리가 없다. 고을을 다스릴 척도를 가지고 나라를 다스려봤자 나라가 다스려질 리가 없다. 나라를 다스릴 척도를 가지고 천하를 다스려봤자 천하가 다스려질 도리가 없다.

집안은 집의 척도로 다스려야 하며, 고을은 고을의 척도로 다스려야 하며, 나라는 나라의 척도로 다스려야 하며, 천하는 천하의 척도로 다스려야 한다.

한 고을을 다스리는 자는 남보고 같은 집안의 태생이 아니라고 차별을 해서는 안 된다. 그러면 먼 집안사람은 말을 듣지 않게 될 것이다. 한 나라를 다스리는 자는 남보고 같은 고향이 아니라고 차별을 해서는 안 된다. 그러면 먼 고장 사람들은 찾아들지 않을 것이다. 천하를 다스리는 자는 남보고 같은 나라가 아니라고 차별을 해서는 안 된다. 그러면 먼 나라 사람들은 따르지 않을 것이다.

만물을 생육(生育)하는 하늘과 땅같이 공평무사(公平無私)하게 만민을 포섭하고 사랑해야 하며, 만물에 고루 빛을 밝히는 해나 달같이 고루 만민에게 은덕을 베풀어주는 것이 임금의 절도(節度)라 하겠다.

以家爲鄕, 鄕不可爲也, 以鄕爲國, 國不可爲也,以國爲天下, 天下不可爲也.

以家爲家, 以鄕爲鄕, 以國爲國, 以天下爲天下.

毋曰不同生, 遠者不聽, 毋曰不同鄕, 遠者不行, 毋曰不同國, 遠者不從.

如地如天, 何私何親, 如月如日, 唯君之節.

- 六親五法(육친오법) : 육친을 단결협화(協和)시키는 다섯 가지 법. 尹知章(윤지장)의 주(注)는 본문에서 六親을 밝혔으나 반드시 따를 필요가 없다. 五法도 본문에서 지적하고 있다.
- 以家爲鄕(이가위향) : 집을 가지고 고을을 다스리다. 즉 한 집안을 다스리는 정신이나 규모나 제도로써 한 고을을 다스리고자 해서는 안된다는 뜻. 鄕은 약 2천 호가 들어 있는 고을.
- 毋(무) : 말라, 금지(禁止)의 조동사.
- 不同生(부동생) : 生은 姓과 통한다. 성이 같지 않다. 또는 같은 선조(先祖)나 집안에서 태어나지 않았다. 「毋曰不同生」은 성이 같지 않다. 또는 한 집안에서 태어나지 않았다고 하여 차별을 하지 말라는 뜻.
- 遠者不聽(원자불총) : 같은 향인(鄕人)이면서도 먼 사람은 말을 듣지 않는다. 聰은 聽, 遠者는 멀리 소외된 사람.
- 遠者不行(원자불행) : 같은 국인(國人)이면서도 멀리 소외된 사람은 찾아오지 않는다. 行은 來의 뜻.
- 遠者不從(원자부종) : 같은 천하인(天下人)이면서도 멀리 소외된 사람은 순종하지 않는다.

• 如地如天(여지여천) : 如는 같다. 즉 하늘과 땅(天地) 같이.
• 何私何親(하사하친) : 어찌 사친(私親)하겠느냐? 私親은 사사롭고 편파적으로 친애하다. 위정자는 공평무사(公平無私)하게 만민을 사랑해야 한다.
• 如月如日, 唯君之節(여월여일, 유군지절) : 해나 달같이 높이 하늘에서 고르게 빛을 내리듯 고르게 은덕을 베푸는 것만이 군왕이 지킬 법도(法度)이자 절조(節操)이다.

2.

인민을 통치하는 방향 결정의 고삐는 바로 통치자인 윗사람이 어느 것을 귀중히 여기느냐에 매어 있다. 인민을 훈도해 나갈 문턱은 바로 통치자인 윗사람이 내딛는 곳이 된다. 인민들을 초치해 끌어들이는 길은 바로 통치자인 윗사람이 무엇을 좋아하고, 무엇을 싫어하느냐 하는 데 달려 있다.

따라서 임금이 찾는 바를 신하가 얻어들일 것이요, 임금이 즐기는 바를 신하가 따라서 먹을 것이요, 임금이 좋아하는 바를 신하가 따라 복행(服行)할 것이요, 임금이 싫어하는 바를 신하가 이를 숨기고 멀리할 것이다.

임금인 그대는 자기가 싫어하는 바를 신하들 앞에 숨겨서는 안 되며, 자기의 태도를 이중적으로 다르게 나타내서도 안 된다. 그렇게 하면 현명한 인재들이 앞으로는 그대를 보필하지 않게 된다.

실내에서 말할 땐 실내의 모든 사람이 분명히 알아듣게 하고, 당내에서 말할 땐 당내의 모든 사람이 충분히 알아듣게 한다. 즉 임금의 의도하는 바나 태도, 표명이 각 계층의 온갖 신하에게 주지되도록 해야 한다. 그래야 성왕(聖王)이라 일컫느니라.

御民之轡, 在上之所貴, 道民之門, 在上之所先, 召民之路, 在上之所好惡.

故君求之, 則臣得之, 君嗜之, 則臣食之, 君好之, 則臣服之, 君惡之, 則臣匿之.

毋蔽汝惡, 毋異汝度, 賢者將不汝助.

言室滿室, 言堂滿堂, 是謂聖王.

- 御民之轡(어민지비) : 御는 다스리다(治), 통치(統治)하다. 들어 쓰다(擧用), 양육(養育)하고 훈도(訓導)해 나가다의 뜻이 포괄되어 있다. 轡는 고삐, 요결(要訣), 핵심(核心), 좌우진퇴(左右進退)를 결정하는 요인.
- 道民之門(도민지문) : 道는 導, 훈도하다, 인도하다. 門은 출발점, 관문, 관건(關鍵), 요소(要所).

- 召民之路(소민지로) : 召는 초치(招致)한다. 불러들이다.
- 所好惡(소호오) : 좋아하고 미워하는 것.
- 嗜(기) : 즐기다. 좋아하다.
- 服(복) : 좇아서 행한다.
- 匿(닉) : 숨기다.
- 蔽(폐) : 가지다. 숨기다.
- 異(이) : 다르게 하다.
- 汝(여) : 너, 여기서는 군왕(君王). 군왕이 싫어하는 바를 숨기지 말라는 뜻.
- 度(도) : 태도. 군왕은 마음과 태도를 다르게 해서는 안 된다.
- 將(장) : 장차, 또는 앞으로는 「…할」 것이다. 조동사.
- 不汝助(불여조) : 그대(군왕)를 돕지 않는다. 부정사 다음에 동사 助의 목적어 汝가 앞서 온다.
- 言室滿室(언실만실) : 왕이 방안에서 말하면, 그 말이 방안에 가득 찬다. 왕의 뜻이나 말이 숨김이 없이 방안에 주지(周知)되고, 방안에서 그의 영(令)이 이루어진다. 室이나 堂이라고 했으나, 실은 왕의 거처하는 바 어디에나 왕의 말이 숨김없이 밝게 전달되고 알려지며 실천된다는 뜻이다.

3.

성곽이나 방비용 도랑만으로서는 굳게 지킬 수 없고, 무기나 갑주 또는 강한 힘만 가지고서는 적에게 맞설 수 없으며, 땅이 넓고 재물만이 많다고 해서 많은 사람들의 마음을 잡아둘 수는 없다.

오로지 올바른 도(道)를 간직하고 지키는 임금만이 국가적 환난(患難)을 미연(未然)에 대비할 수 있으며, 따라서 화(禍)의 싹도 트지 않게 되는 것이다.

천하에 양신(良臣) 없음을 탓하지 말고 오히려 그들을 잘 쓸 현군(賢君) 없음을 걱정할 것이며, 재물 없음을 걱정하지 말고 그들을 잘 분배해 활용할 인재(人材) 없음을 걱정할 것이니라.

따라서 때를 잘 알아 그에 맞게 정책을 세우는 자는 나서서 지도자가 될 수 있고, 공평무사한 사람은 자리에 올라 나라를 다스릴 수 있느니라.

시기를 잘 살피어 생산을 높이고 용도를 잘 판단하여 절도를 지키고 아울러 인재를 잘 등용하여 백관(百官)을 갖출 수 있는 자는 가히 받들어 임금으로 삼을만하다.

느린 사람은 사물에 뒤쳐지고, 재물에 인색한 자는 친근했던 사람도 잃게 되고, 소인을 믿는 사람은 덕 있는 선비를 잃게 된다.

城郭溝渠, 不足以固守, 兵甲彊力, 不足以應敵, 博地多財, 不足以有衆.

帷有道者, 能備患於未形也. 故禍不萌.

天下不患無臣, 患無君以使之, 天下不患無財, 患無人以分之.

故知時者, 可立以爲長, 無私者, 可置以爲政.

審於時, 而察於用, 而能備官者, 可奉以爲君也. 緩者後於事, 吝於財者, 失所親, 信小人者, 失士.

- 城郭(성곽) : 郭은 바깥 성, 둘러싸인 성. 성곽.
- 溝渠(구거) : 도랑. 방비를 위해 만든 도랑. 溝나 渠나 다 도랑.
- 兵甲(병갑) : 무기와 갑주(甲冑). 갑주는 갑옷과 투구.
- 彊力(강력) : 강한 힘. 彊은 强.
- 應敵(응적) : 적에 대응하다.
- 博地(박지) : 땅이 넓다.
- 有衆(유중) : 많은 사람들의 마음을 잡아둔다.
- 備患(비환) : 걱정이나 환난(患難)에 대비한다.
- 未形(미형) : 나타나기 전에. 形은 現.
- 萌(맹) : 싹트다. 비롯하다.
- 不患無臣(불환무신) : 현명하고 덕 있는 신하가 없음을 걱정하지 않는다.
- 無君以使之(무군이사지) : 현명하고 유덕한 신하를 잘 부릴 명군(明君)이 없음.
- 知時者(지시자) : 때를 아는 자. 때를 알고 그에 맞는 정책을

세우는 사람.

- 審於時(심어시) : 시기를 잘 판단하다.
- 察於用(찰어용) : 국가의 수요나 용도를 잘 살핀다.
- 備官(비관) : 고루 인재를 등용하여 백관(百官)을 구비한다.
- 緩者(완자) : 느린 사람.
- 後於事(후어사) : 모든 일에 뒤진다.
- 吝(인) : 인색하다.
- 失所親(실소친) : 친근하게 된 사람들도 잃게 된다.

제2편 형세形勢 경언經言 2

천지(天地)의 만물이나 인간 사회에서 일어나는 제반 사상(事象)에는 형세가 있게 마련이다. 의연(毅然)한 형(形)에는 성(盛)한 세(勢)가 따르게 마련이다. 우뚝 솟은 태산을 우러러보고 경건해지거나 검푸르게 깊은 못을 보고 신비를 느끼는 것은 비단 옛사람만이 아니라 오늘날 사람에게도 같다. 가시적(可視的) 형식과 불가시적 정신은 상응(相應)한다. 한편 모든 사물의 흐름에는 형세의 진폭(振幅)이 있게 마련이다. 노한 흙탕물이 넘쳐 논밭을 한 입에 삼켰던 강물이 청명한 가을 하늘을 푸르게 반영하며 잔잔하고도 맑은 샘물같이 흐르기도 한다. 벅차도록 세찼다가도 애처롭도록 쇠퇴하는 것은 강물만이 아니다. 인간이나 인간 사회, 나라의 흥망성쇠에서 너무나도 잘 나타난 진리이다. 이렇듯 다단(多端)한 형식과 내용의 대응변화(對應變化)나 흥망성쇠의 진폭에도 불구하고 변동하지 않는 한 가지 원리가 있다. 즉 만물의 생성(生成)과 화육(化育), 변천과 발전의 주재자(主宰者)인 하늘의 원리다. 이를 천도(天道)라고 한다.

천도는 영구불변(永久不變)인 하나의 진리이자 공평무사(公平無私)한 절대인 동시에 만물의 번성을 꾀하는 최고선(最高善)의 권화(權化)이다. 그러면서 하늘은 말없이 은덕(恩德)을 만물에게 내리고 또한 자랑하는 일도, 자기의 공덕(功德)을 내세우는 일도 없다. 「모든 것을 깊이 지니고 밖에 드러내 보이지 않는 것이 천도(天道)다.(藏之無形, 天之道也.)」 하늘의 이러한 태도가 참되고 영원한 위대성의 본 모습이다. 나라를 통치하고 만민을 목민(牧民)하는 임금은 이러한 천도를 따르고 본받아야 한다. 하늘과 같이 참되고 높이, 즉 위엄(威嚴)과 더불어 끝없는 깊이, 즉 심덕(心德)을 지녀야 한다. 동시에 이를 공평무사하게 만민에게 내주고 내보여야 한다. 표면적인 정치적 제스처나 테크닉 또는 일시적인 인기전술이나 농간으로 백성이나 인민에게 영합하는 말이나 행동을 해서는 안 된다. 이러한 짓은 절대 금물이다.(凡言而不可復者, 行而不可再者, 有國者之大禁也.) 어디까지나 영원하고 유일무이(唯一無二)의 절대자인 하늘을 따라야 한다. 천도를 잃으면 일시적으로 성공해도 반드시 멸망하고 만다. 반대로 천도를 따르면 반드시 하늘이 도와준다. 「하늘의 뜻을 따라 애를 쓰는 사람에게는 하늘이 도와주고, 하늘의 뜻을 거역하고자 하는 자에게는 하늘이 버림을 준다.(其功順吉者, 天助之, 其功逆天者, 天違之.)」 다음과 같이도 풀 수 있다. 「인간의 노력의 성과가 천도에 맞으면 하늘도 이 성과를 도와 더욱 빛나게 해주나 그 반대로 아무리 인간이 애를 쓰고 일을 이룩해도 그것이 천도를 어긴 것이라면 하늘이 이를 버리고 멸하게 한다.」 이때의 인간은 임금이다. 관자(菅子)는 한 걸음 더 나아가서 다음과 같이 말했다. 「순천자(順天者)는 공업(功業)을 이룩하게 마련이고, 역천자(逆天者)는 흉벌(凶罰)을 받게 마련이다.(順天者有其功, 逆天者懷其凶.)」

관자의 말은 우리들 귀에 잘 익은 말들이다. 명심보감(明心寶鑑) 개권(開卷) 벽두(劈頭)에 있는 말이다. 「착한 일을 하는 사람에게는 하늘이 복으로써 보답해주고, 나쁜 일을 하는 사람에게는 화(禍)로써 갚아준다.(爲善者, 天報之以福, 爲不善者, 天報之以禍.)」 또한 「천명편(天命篇)」에도 있다. 「순천자는 살고, 역천자는 망한다.(順天者存, 逆天者亡.)」

우리는 여기서 동양의 전통적인 천명사상(天命思想)과 더불어 혁명사상(革命思想)을 엿볼 수 있다. 하늘은 자기가 창조한 만물 중에서도 가장 고귀하게 생성케 한 만물의 영장〔萬物之靈長〕인 만민(萬民)을 목양(牧養)하는데 덕 있는 사람(有德者)을 뽑아 이른바 하늘의 아들(天子)이라 하여 천하를 다스리게 한 것이다. 따라서 천자는 언제나 하늘에 재물을 바치고, 하늘을 모시고 하늘로부터 계시와 가르침을 받아서 천의(天意)를 따라 다스려야 한다.

이것이 예(禮)이며, 예치(禮治)이며, 고대의 제정일치(祭政一致)의 정신인 것이다. (이에 대하여는 필자의 논문을 참조하기 바람) 그렇거늘 친자가 인간적으로 오만무도하며 천의를 저버리고 천도(天道)에서 벗어나면, 이내 인민들이 고난에 빠지고 원망을 하게 되며, 그렇게 되면 하늘이 진노(震怒)하여 덕을 잃은 자(失德者)에게 천벌을 내리어 멸하게 하고, 다른 유덕자(有德者)에게 새로운 명을 내리어 천하를 잘 다스리게 한다. 이것이 혁명인 것이다. 관자는 이 형세편(形勢篇)에서 혁명이란 말을 쓰지는 않았으나 「은(殷)나라 백성들이 주(周)나라에 덕화(德化)되어, 은을 버린 것은 은의 포악무도한 주왕(紂王)이 잘못했기 때문이다.(殷民化之, 紂之失也.)」라고 천도(天道)를 잃은 주왕을 규탄하고 있다.

이 형세편은 얼른 보면, 전체의 조리가 없이 산만한 구절이 모인 것 같이 느껴질 것이다. 그러나 깊이 보면, 이상과 같은 천도(天道)의 진리성에 입각하여 나라를 다스려야 영원하다는 점을 다각적으로 알려주고 있음을 알 수 있다.

정치는 예나 지금이나 표면적이고 일시적인 권모술책(權謀術策)이나 정치 농간자(테크니션 · technician)들 손에서 이루어져서는 안 된다. 영원한 진리와 최고선(最高善)을 터득하고, 이를 심덕

(心德)으로써 실천할 수 있는 휴머니스트(Humanist) 손에 이루어져야 한다. 이때에 비로소 세계 평화와 인류 번영이 말만이 아니라 행동적으로 구현되는 것이다. 동양에서 말하는 평천하(平天下)가 바로 그것이다. 여기서 우리는 다시 한번 동양의 전통인 덕치사상(德治思想)과 천도사상(天道思想)의 현대성과 인류 사회에 있어서의 윤리성(倫理性)에 새삼 각성하는 바가 있어야 하겠다.

훌륭한 전통은 잘 살려야 한다. 이를 활용함으로써 우리는 인류에게 빛을 줄 수 있는 것이다.

– 不朽의 眞理 –

山高而不崩, 則祈羊至矣, 淵深而不涸, 則沈玉極矣.

壽夭貧富, 無徒歸也.

上無事, 則民自試.

小謹者, 不大立. 訾食者, 不肥體.

有無棄之言者, 必參於天地也.

不行其野, 不違其馬.

能予而無取者, 天地之配也.

君不君, 則臣不臣. 父不父, 則子不子.

上失其位, 則下踰其節.

且懷且威, 則君道備矣.

莫樂之, 則莫哀之, 莫生之, 則莫死之.

道之所言者一也, 而用之者異.

欲王天下, 而失天下之道, 天下不可得而王也.

藏之無形, 天之道也.

疑今者, 察之古, 不知來者, 視之體.

萬事之生也, 異趣而同歸, 古今一也.

萬物之於人也, 無私近也, 無私遠也.

巧者有餘, 而拙者不足.

其功順天者, 天助之, 其功逆天者, 天違之. 天之所助, 雖小必大, 天之所違, 雖成必敗.

順天者有其功, 逆天者懷凶, 不可復振也.

四方所歸, 心行者也.

自媒之女, 醜而不信.

凡言而不可復, 行而不可再者, 有國者之大禁也.

1.

산은 높고 무너지지 않는 의연(毅然)한 품이 있어야 산신(山神)에 제(祭)를 지내고자 희생으로 양도 바쳐 올릴 것이며, 못은 깊고 물 마르지 않아야 용신(龍神)을 모시겠다고 제물로 구슬을 가라앉히게 될 것이다.

하늘은 그 상덕(常德)을 변하지 않으며, 땅도 그 법칙을 바꾸지 않으며, 춘하추동 사계절도 그 절도를 고치는 일이 없다. 이렇듯 천지나 계절의 운행 법칙은 예나 지금이나 한결같이 영원히 불변이다.

용도 물을 얻어야 신통력을 발휘할 것이고, 호랑이도 깊은 산속에 들어가야 위력을 떨치게 될 것이다.

비바람은 안 가는 곳 없이 어디에나 내리고 불어대지만 아무도 원망하고 노여움을 돌리지 않는다. 이는 비바람이 사심(私心)없이 공평하게 불고 내리기 때문이다.

높은 자리에 있는 임금이 천도(天道)를 받들고 올바른 정치를 이룩할 때 그의 영이 잘 시행될 것이며, 얕은 자리에 있는 백성들도 임금의 은덕(恩德)을 입고 감화됨으로써 자신들의 비천(卑賤)을 돌보지 않고 나라를 위해 헌신하게 될 것이다.

장수(長壽)나 요절(夭折), 또는 부귀나 빈천은 모두가 우연하게 주어지는 것이 아니니다.

임금이 유덕(有德)하여 그를 존경함으로써 백성들이 그의 명을 받들게 되는 것이며, 임금의 말을 듣고 따르게 되는 것도 그의 덕망이나 명성이 높은 까닭이다.

임금이 백성을 강압적으로 부리거나 수탈하지 않으면 백성은 스스로 나서서 봉사하고 헌신할 것이다. 따라서 임금은 아무 말 없이 제기(祭器)를 지니고만 있어도 묘당(廟堂)이 잘 다스려질 것이다. 큰 기러기나 고니의 늠름한 모습, 즉 성대한 임금의 덕풍(德風)을 백성들은 노래로 칭송할 것이다.

주(周) 문왕(文王) 밑에 많은 현신(賢臣)들이 모였고, 또한 은(殷)의 인민들이 주에 감화되어 은나라를 버리게 된 것도 결국은 은의 포악무도한 주왕(紂王)이 잘못했기 때문이다.

山高而不崩, 則祈羊至矣, 淵深而不涸, 則沈玉極矣.

天不變其常, 地不易其則, 春秋夏冬不更其節, 古今一也.

蛟龍得水, 而神可立也, 虎豹得幽, 而威可載也.

風雨無鄕, 而怨怒不及也.

貴有以行令, 賤有以忘卑.

壽夭貧富, 無徒歸也.

銜命者, 君之尊也, 受辭者, 名之運也.

上無事, 則民自試. 抱蜀不言, 而廟堂旣修. 鴻鵠鏘鏘, 唯民歌之.

濟濟多士, 殷民化之, 紂之失也.

- 崩(붕) : 산이 무너지다.
- 祈羊(기양) : 산신(山神)에게 제사를 드릴 때 바치는 희생(犧牲)의 양, 생뢰(牲牢)의 양.
- 淵(연) : 못.
- 沈玉(침옥) : 수신(水神)에 제사를 드릴 때 물 깊이 가라앉히는 구슬(玉).
- 極(극) : 이르다. 至와 같은 뜻.

• 天不變其常(천불변기상) : 常은 영구히 변하지 않는 전법(典法), 또는 운행(運行), 덕행(德行). 하늘은 영구히 그 운행이나 상덕(常德)을 변치 않는다.
• 地不易其則(지불역기칙) : 易은 변역(變易), 변하다, 바꾸다. 則은 법칙(法則), 조리(條理), 상법(常法). 땅도 그 일정한 조리나 상법을 변역하지 않는다. 위의 구절과 같이 천지는 언제까지나 그 운행의 상법이나 큰 덕(德)을 변하지 않는다로 풀면 좋다.
• 不更其節(불경기절) : 更은 변경, 節은 계절, 또는 사계절의 순환 변천.
• 蛟龍(교룡) : 가공적(架空的)으로 전하는 동물, 때를 못 만난 호걸이나 성인(聖人)에 비유된다.
• 神(신) : 신묘(神妙)한 조화, 신통력(神通力).
• 立(립) : 내세우다. 이루다(成).
• 虎豹得幽(호표득유) : 幽는 심산유곡(深山幽谷), 유심(幽深)한 곳, 또는 유은(幽隱). 즉 깊이 숨어있다. 호랑이나 표범은 깊이 숨어있음으로써 그 맹위(猛威)를 떨친다.
• 威可載(위가재) : 載는 행하다(行), 하다(滿). 위력을 마냥 부리다.
• 風雨無鄕(풍우무향) : 鄕은 嚮(향), 向(향)에 통한다, 즉 방향. 비나 바람은 일정한 방향 없이 어디로나 불어대고, 어디에나 비를 내린다.
• 及(급) : 미친다. 뒤따르다.
• 有以(유이) : 以는 연유(緣由), 이유. 이유가 있다. 그럴 만한

연유나 올바른 이유가 있다. 고귀한 통치자라 해도 올바른 이유로 영을 내려야 시행되고, 한편 하천한 인민이라 하더라도 그럴 만한 이유만 납득하면 자신들의 비천을 잊고 봉사한다. 결국 有以를 有道, 즉 올바른 정치도(政治道)를 지니다로 풀어도 무방할 것이다.

- 壽夭(수요) : 장수(長壽)와 요절(夭折).
- 無徒歸(무도귀) : 徒는 허망하게, 이유 없이, 헛되게. 歸는 돌아가다, 주어지다. 饋(궤)에 통한다. 헛되게 주어지는 게 없다. 모두가 다 타당한 이유로서 주어진다.
- 銜命者(함명자) : 銜은 받다, 받들다(奉). 임금의 명을 받드는 것.
- 君之尊也(군지존야) : 임금이 유덕(有德)하고 존귀한 까닭에 백성들이 명을 받든다.
- 受辭(수사) : 임금의 말을 듣고 따른다.
- 名之運也(명지운야) : 運은 뻗어가다(行). 백성들이 임금의 말을 듣고 따르는 것은, 임금의 덕망(德望), 명성(名聲)이 멀리까지 뻗어가고 알려졌기 때문이다.
- 上無事, 則民自試(상무사, 직민자시) : 윗사람이 시키지 않아도 백성들이 스스로 나서서 일한다. 事는 시키다(使), 試는 행하다, 쓰다(用).
- 抱蜀不言(포촉불언) : 抱는 지니다(持), 蜀은 제기(祭器). 덕 있는 임금은 제기만을 지니고 아무 말을 하지 않아도 제물로 묘당(廟堂)이 잘 다스려진다는 뜻.
- 鴻鵠(홍곡) : 큰 기러기와 고니.

- 鏘鏘(장장) : 모습이 늠름하고 성대(盛大)하다.
- 濟濟多士(제제다사) : 濟濟는 위의(威儀)가 성다(盛多)한 품. 즉 훌륭한 선비들이 많음을 표현한 말. 주(周) 문왕(文王) 밑에 많은 현신(賢臣)들이 있음을 가리킨다.
- 殷民化之(은민화지) : 은나라 백성이 주의 문왕과 그 밑에 있는 많은 현신들에게 감화되어 결국 은나라의 멸망을 구제하지 않음을 가리킨다.
- 紂之失也(주지실야) : 紂는 은나라의 끝 왕으로, 하(夏)의 걸(桀)과 더불어 포학무도한 망국지왕(亡國之王)의 대표로 간주되고 있다. 즉 은나라 백성이 주문왕에게 감화된 것은 주의 잘못이 깄기 때문이라는 뜻.

2.

바람에 우는 다북쑥의 소리같이 뿌리 없이 떠도는 뜬소문은 상관할 바 못되며, 떼 지어 모여 있는 제비가 참새 같은 좁쌀스런 소인배(小人輩)들의 존재는 대도(大道)를 가는 사람에게는 뒤돌아다 볼 건덕지도 못된다.

제물로 바치는 한빛 털의 소나 둥근 옥만으로는 귀신이 흠향하지 않는다. 임금이 높이 공업(功業)을 세우고 깊이 심덕(心德)을 지니고 있다면, 외형적이고 물질적인 보옥이나 폐백은 아무것도 아닌 것이다.

활의 명수인 예(羿)의 본령(本領)은 활 잘 쏘는 데만 있는 것이 아니다. 주(周) 목왕(穆王)의 여자였던 조보(造父)의 기술도 말 잘 모는 데만 있는 것이 아니다. 수레를 발명했던 해중(奚仲)의 기교(技巧)도 나무를 쪼개고 깎는 데만 있는 것이 아니다. 이들은 모두가 표면에 나타나 보이는 기술만이 아니라 보이지 않는 정신적인 신통력을 지니고 있었던 것이다.

먼 곳에 있는 인재를 불러들일 임금은 사신만 보냈다고 되는 것이 아니다. 임금 자신이 덕이 있어야 한다. 가까이 있는 사람들을 친화(親和)롭게 할 임금도 좋은 말만 가지고 되는 것이 아니다. 오로지 속에서 우러나오는 보이지 않는 덕행(德行)이나 음덕(陰德)으로만 될 수 있는 것이다.

들판에 약간 두드러진 언덕이 하나 있어봤자 높다고 할 수 있겠는가? 큰 산속에 골(谷)이 하나 있어봤자 깊다고 할 수 있겠는가? 결국은 바탕이 문제다. 약간의 기복(起伏), 장단(長短)은 문제가 크지 않다.

飛蓬之問, 不在所賓. 燕雀之集, 道行不顧.
犧牷圭璧, 不足以饗鬼神, 主功有素, 寶幣奚焉.

羿之道, 非射也, 造父之術, 非馭也, 奚仲之巧, 非斲削也.

召遠者, 使無爲焉, 親近者, 言無事焉. 唯夜行者, 獨有也.

平原之隰, 奚有於高, 大山之隈, 奚有於深.

- 飛蓬之問(비봉지문) : 바람에 날리는 다북쑥이 내는 소리. 근거 없이 떠도는 뜬소문, 말. 問은 聞, 言.
- 賓(빈) : 높인다, 공경하다(敬).
- 燕雀之集(연작지집) : 제비나 참새들이 떼 지어 모여있다. 소인배(小人輩)나 좁쌀스런 무리. 集을 爵(작)으로 보기도 한다.
- 道行不顧(도행불고) : 길 가는 사람은 돌아다보지 않는다. 道는 크고 올바른 정치도, 대도(大道), 정도(正道).
- 犧牲(희전) : 희생으로 바치는 소. 牲은 한빛 털의 소라는 뜻임.
- 圭璧(규벽) : 圭는 서옥, 璧은 둥근 옥. 제사 때 쓰는 옥을 圭璧이라고 한다. 「⚲」
- 饗(향) : 신명(神明)이 제물을 받다. 즉 흠향(歆饗), 享(향).
- 主功有素(주공유소) : 군주(君主)가 공덕(功德)을 세우고 깊은 뿌리와 착한 바탕이 있고 보면. 素는 뿌리, 바탕.
- 寶幣(보폐) : 보옥이나 폐백.
- 奚(해) : 무엇이냐. 어찌(何)와 같음.
- 羿之道(예지도) : 예의 본도(本道). 羿는 활(弓)의 명수. 요(堯)

임금 때에 열 개의 태양이 있어 민가(民家)를 해쳤거늘, 예가 아홉 개의 태양을 쏘아 떨어뜨렸다고 한다. 또한 하(夏)의 유궁(有窮)의 군주로 명사수라고도 한다.

- 造父(조보) : 주(周) 목왕(穆王)의 어자(御者).
- 馭(어) : 말을 부리다, 몰다.
- 奚仲(해중) : 하(夏)나라 우왕(禹王)의 신하(臣下)로, 수레(車)를 발명하여 거정(車正)이 되었다.
- 斲削(착삭) : 쪼개고 깎다.
- 召遠者(초원자) : 먼 곳에 있는 인재(人材)를 불러들이게 할 위정자, 군주(君主). 召는 招(초)로 읽고, 초래하다의 뜻.
- 使無爲焉(사무위언) : 사신만으로는 안 된다.
- 親近者(친근자) : 가까이 있는 사람을 친근하게 할 군주.
- 言無事焉(언무사언) : 빈 말만으로는 아무 소용도 없다.
- 唯夜行者(유야행자) : 오로지 마음속으로 덕행(德行)을 실천하는 사람만이. 夜行은 밤길 가듯 음덕(陰德)을 쌓다. 행하다.
- 獨有也(독유야) : 음덕을 쌓은 임금에게만 그러한 일, 즉 소원(召遠)이나 친근(親近)이 이룩될 수 있다. 독유지야(獨有之也).
- 平原之隰(평원지습) : 평원에 있는 언덕.
- 奚有於高(해유어고) : 그 무엇이 높다 하겠는가? 아무것도 아니다. 소선(小善)은 높이 치킬 만한 것이 아니라는 뜻.
- 大山之隈(대산지외) : 限는 모퉁이나 작은 골(谷). 큰산에 있는 작은 곡계(曲溪).
- 奚有於深(해유어심) : 그 무엇이 깊다 하겠느냐? 소과(小過)는 크게 결점 잡을 게 못된다.

3.

헐뜯고 허튼 소리 잘하는 자에게는 대임(大任)을 맡기지 말라. 크게 꾀하는 자라야 원대한 일을 수행할 수 있다. 신중하게 두려워하는 자라야 올바른 정치도(政治道)를 구현할 수 있다. 졸속(拙速)한 꾸밈으로 우환을 즉시 일으키는 자는 멀리 보내고 다시 불러들이지를 말라. 장기적인 안목으로 크게 나서는 자는 멀리서도 잘 드러나 보이고 그의 존재가 잘 알려진다. 식량이 넓고 크게 마련하는 자는 모든 사람들이 친근하게 여긴다.

남들이 자기에게 심복(心服)하고 회귀(懷歸)하기를 좋아할 때는, 반드시 덕행(德行)을 따르고 물리어 도중에 포기해서는 안 된다.

수단 방법을 가리지 않고 무조건하고 얻어진 것은 해롭고 좋지 못하다. 만사에 좋다고 응낙하는 말은 믿을 만한 것이 못된다.

소심하고 대의를 지키지 못하고 말단적 소절에 쩔쩔매는 사람은 크게 설 수 없다. 음식 투정을 하는 사람은 몸에 살이 붙지 못한다.

버릴 말이 없이, 하는 말 전부가 이치에 맞고 신중하고 슬기로운 사람은 천지와 더불어 만민을 번성케 하는 정치에 반드시 참여시켜야 한다.

세 길 높이의 낭떠러지에서 뛰어내리기란 사람에게는 힘겨운 일이다. 그러나 원숭이들은 쉽게 내려서 밑에 있는 물을 마신다.

따라서 제 자랑이나 늘어놓고 유아독존(唯我獨尊)적인 태도는 일을 망치는 화근이다.

설사 들에 가지 않는다 해도 말을 버리지 말고, 후일을 위해 잘 키우고 간직해야 한다.

백성들에게 능히 줄줄 알고 수탈하거나 강압하지 않는 임금이라야 만물을 생성자육(生成慈育)하는 천지의 덕과 비길 만하다.

訾讆之人, 勿與任大, 譕臣者, 可以遠擧. 顧憂者, 可與致道. 其計也速, 而憂在近者, 往而勿召也, 擧長者, 可遠見也. 裁大者, 衆之所比也.

美人之懷, 定服而勿厭也.

必得之事, 不足賴也, 必諾之言, 不足信也.

小謹者, 不大立, 訾食者, 不肥體.

有無棄之言者, 必參於天地也.

墜岸三仞, 人之所大難也, 而猿猱飮焉.

故曰, 伐矜好專, 擧事之禍也.

不行其野, 不違其馬.

能予而無取者, 天地之配也.

- 訾讆之人(자위지인) : 헐뜯고 거짓말하는 자. 訾는 훼방하다, 또는 呰(자)로 직책을 다하지 못하는 고식한 사람. 讆는 허튼 소리 하는 어리석은 자.
- 勿與任大(물여임대) : 대임(大任)을 그에게 맡기지 말라.
- 譕臣者(무신자) : 譕는 謨(모)의 옛 자. 꾀 있는 신하. 깊이 계책을 꾸밀 수 있는 신하. 臣을 巨로 보고 譕巨者, 즉 일가(一家)나 일국(一國)이 아니라 거대한 천하대사(天下大事)를 계략(計略)하는 자라고 풀기도 한다.
- 可以遠擧(가이원거) : 원대한 일을 거사할 수 있다. 以를 與(여)로 보고, 더불어 같이할 수 있다고도 푼다.
- 顧憂者(고우자) : 신중하게 후환(後患)을 돌보고 걱정하는 자.
- 致道(치도) : 올바른 정치도를 성실하게 구현하다.
- 計也速(계야속) : 졸속(拙速)하게 계획한다. 목전의 이익이나 현의를 위한 소인(小人)의 계.
- 憂在近者(우재근자) : 화근(禍根)이나 우환(憂患)을 가까이 있게 만드는 자.
- 往而勿召(왕이물소) : 보내버리고 다시 불러들이지 말라.
- 擧長者(거장자) : 장기적인 안목으로 크게 나서는 사람.
- 可遠見(가원견) : 멀리서도 잘 보인다. 존재가 잘 나타날 수 있다.

• 裁大者(재대자) : 크게 마련하는 사람. 裁는 재단(裁斷), 마른다. 또는 재제(裁制)하다. 裁를 材로 보고 재질이나 식량(識量)이 큰 사람으로도 풀이한다.
• 衆之所比(중지소비) : 많은 사람들이 친근하게 여기는바. 比는 親.
• 美人之懷(미인지회) : 美는 좋아하다. 찬미하다. 아름답게 여기다. 懷는 회귀(懷貴), 귀복(歸服). 남들이 속으로부터 자기에게 따르기를 좋아하다.
• 定服而勿厭(정복이물염) : 定은 반드시. 服은 도덕을 복행하다. 厭은 물리다. 定服은 안정되고 도덕을 복행하다로도 푼다.
• 必得之事(필득지사) : 반드시 얻는 일. 즉 수단 방법이나 시비선악을 가리지 않고 무조건하고 얻어들이는 일.
• 賴(뢰) : 믿다, 이(利)롭다, 좋다(善), 취(取)하다.
• 必諾之言(필낙지언) : 언제나 또는 만사에 대하여 무조건하고 「그래, 그래(yes!)」하는 말.
• 小謹者(소근자) : 대의(大義)를 지키지 못하고 사소한 일이나 절조(節操)에 얽매여 쩔쩔매는 사람.
• 不大立(부대립) : 크게 설 수 없다.
• 訾食者(자식자) : 음식 투정하는 사람. 먹기를 싫어하는 사람.
• 不肥體(불비체) : 몸에 살이 붙지 않는다.
• 有無棄之言者(유무기지언자) : 하나도 버릴 말이 없는 사람. 하는 말 전부가 척도에 맞고 신중하고 슬기로운 사람.
• 參於天地(참어천지) : 만물을 생육하는 천지와 더불어 만민

(萬民)을 번영(繁榮)케 하는 천하 정치에 참여할 수 있다.

- 墜岸三仞(추안삼인) : 仞은 여덟 자(八尺). 24척 높이의 절벽을 뛰어내리다.
- 猿猱飮焉(원노음언) : 사람은 못 뛰어내리지만, 원숭이는 능히 절벽에서 뛰어내려 밑의 물을 마신다. 猱는 팔이 긴 원숭이.
- 伐矜好專(벌긍호전) : 伐, 矜 다 「자랑하다」. 好專은 전제(專制)와 독존(獨尊)을 좋아하다. 또는 전제적이고 독존적인 것을 좋아하는 태도.
- 不違其馬(불위기마) : 말을 멀리하지 않는다. 違는 離(이), 避(피)의 뜻.
- 能予而無取者(능여이무취자) : 백성들에게 능히 줄줄 알고 뺏지를 않는 군주. 하늘이나 땅은 만물을 생육하되 뺏지는 않는다.
- 天地之配(천지지배) : 천지의 덕에 비길 만하다. 어울릴 만하다.

4.

게으른 자는 만사에 미치지 못하나 빈틈없이 일을 크게 꾸미는 사람은 결과적으로 신이 아닌가 의심받을 만한 힘을 발휘하게 마련이다. 이때의 신이란 내재적(內在的)인 힘을 지녔음을 뜻하는 것이다. 일면 게으름으로 인해 아무것도 해내지 못한 자는 만사에 있어 문턱에서 서

성대게 마련이다. 내재적인 힘을 지닌 사람은 한층 나아가 남까지 제도하고 즐길 수 있으나, 문턱에서 서성대는 낙오자는 항상 멍청하니 국외자(局外者)로 밖에서 기다리고 있게 마련이다.

아침마다 경각심을 불러일으켜 태만하는 일이 없어야 한다. 게을러서 뒤쳐지면 결국 재앙을 받게 된다. 아침부터 자기의 할 일을 잊고 말면, 결국 저녁에 가서 볼 때 하등의 공적도 이룩하지 못하고 만다. 속에 사악한 기(氣)가 들면 초췌하고 쇠퇴한 안색이 밖으로 드러나 보이게 마련이다.

임금이 임금답게 제 할 일을 못하면 신하도 신하 노릇을 다하지 않을 것이며, 아버지가 아버지답지 못하면 자식도 자식으로서의 효도를 다하지 않을 것이다. 윗사람이 제자리를 지키지 못하고 체통을 잃으면 밑의 사람들이 분수나 절도를 넘나들게 된다. 상하의 모든 사람들이 화목하지 못하면 임금의 영이 시행되지 않는다. 주인으로서 의관(衣冠)이 바르지 못하면 손님도 그를 존경하고 엄숙하게 대하지 않을 것이다. 진퇴(進退)에 예의를 지키지 않으면 정치적 법령이 시행되지 않는다. 임금은 은덕을 가지고 백성을 심복시키면서도 일면으로는 위엄 있는 태도로 임해야 한다. 그래야 임금의 지킬 바 왕도(王道)가 모든 면에서 완전하게 이루어진다. 인민들을 안락하게 해주지 않으면 인민들도 임금을 사랑하지 않는다. 임금이 백성들을 잘 살게 해주지 않으면 백성들도 임금이나 나라를 위하여 목숨을 내걸고 희생하지 않는다. 갈 것, 즉 임금의 은덕이 백성에게 베풀어져 가지 않으면 백성들로부터의 희생적 봉사도 오지 않는다.

怠倦者不及, 無廣者疑神. 神者在内, 不及者在門. 在内者將假, 在門者將待.

曙戒勿怠, 後穉逢殃. 朝忘其事, 夕失其功. 邪氣入内, 正色乃衰.

君不君, 則臣不臣, 父不父, 則子不子. 上失其位, 則下踰其節. 上下不和, 令乃不行. 衣冠不正, 則賓者不肅. 進退無儀, 則政令不行. 且懷且威, 則君道備矣. 莫樂之, 則莫哀之, 莫生之, 則莫死之. 往者不至, 來者不極.

- 怠倦者(태권자) : 권태로운 자. 게으른 자.
- 不及(불급) : 시기에 미치지 못한다. 성공하지 못한다.
- 無廣者(무광자) : 無는 譕(무). 계략을 꾸미다. 광대(廣大)한 일

을 꾸미다. 또는 廣을 曠(광)으로 보고 텅 비다로 푼다. 즉 알차고 빈틈이 없는 사람.

- 疑神(의신) : 신이 아닌가 의심받는다. 신이 깃든 것이 아닌가 놀라워한다. 성과를 보고 신이나 신통력의 조화같이 의심한다.
- 神者(신자) : 신적(神的)인 성과를 올린 사람.
- 在內(재내) : 내재적(內在的)인 것임이 내 속에 얻은 바 있고, 안에 들어왔다고 할 것.
- 不及者(불급자) : 게을러 아무 성과도 못 올린 사람. 낙오자(落伍者).
- 在門(재문) : 아직도 문턱에 있다. 밖에서 돌고 있다.
- 將假(장가) : 假는 여러 뜻으로 푼다. 빌려주다. 남을 제도(濟度)해 준다. 또는 이룬다(至), 달성하다. 또는 즐거울 가(嘉)로 보고, 가락(嘉樂)으로 풀어도 좋다. 將은 장차 「…할」 것이다. 조동사.
- 待(대) : 대기하다. 기다리다.
- 曙(서) : 새벽. 매일 아침마다.
- 戒(개) : 삼가고, 경계하고, 지키다.
- 後穉(후치) : 뒤지고 늦으면. 穉는 늦고 더디다. 遲(지)에 통함.
- 逢殃(봉앙) : 재앙을 받는다. 당한다.
- 邪氣入內(사기입내) : 사악한 기가 가슴속에 침입해 들어오면.
- 正色乃衰(정색내쇠) : 표면적으로도 공명정대(公明正大)한 기색이 쇠퇴하고, 안색(顔色)이나 형용(形容)이 초췌(憔悴)하게 보인다.

- 君不君(군불군) : 임금이 임금답지 않으면.
- 踰(유) : 넘다. 넘나다.
- 節(절) : 신분, 절도, 한계.
- 賓者不肅(빈자불숙) : 빈객이 숙엄(肅嚴)하게 존경하지 않는다.
- 儀(의) : 위의(威儀), 예의(禮儀), 의법(儀法), 법도.
- 且懷且威(차회차위) : 은덕(恩德)을 베풀어 회유(懷柔)하며, 동시에 위엄(威嚴)을 가지고 통치한다. 且는 접속부사.
- 備(비) : 갖추어지다. 구비, 완비, 완수되다.
- 莫樂之(막락지) : 인민의 생활을 안락하게 안 해주면.
- 則莫哀之(직막애지) : 인민들이 군주나 나라를 위하여 자기들의 생활을 회생하고 나서지 않는다. 哀는 愛.
- 莫生之, 則莫死之(막생지, 직막사지) : 군주가 평소에 인민들을 잘 살게 해주지 않으면, 위기에 처했을 때 인민들도 군주나 나라를 위해 목숨을 내걸지 않는다.
- 往者不至(왕자부지) : 갈 것이 가지 않으면, 즉 왕의 은덕이 인민에게 미치지 않으면.
- 來者不極(내자불극) : 인민의 봉사도 없다. 極도 至와 같다.

5.

도(道)가 말해 주는바 진리성(眞理性)은 하나다. 그러나 이를 구현하는 품이 여러 가지로 다를 뿐이다.

하나인 진리의 도를 따라 집안을 잘 다스리는 사람은,

한 집안의 가장(家長)이라 하겠다.

하나인 진리의 도를 따라 마을(鄕)을 잘 다스리는 사람은, 한 마을의 향장(鄕長)이라 하겠다.

하나인 진리의 도를 따라 나라를 잘 다스리는 사람은, 한 나라의 군주(君主)라 하겠다.

하나인 진리의 도를 따라 천하를 잘 다스리는 사람은, 온 천하의 천자(天子)라 하겠다.

하나인 진리의 도를 따라 만물이나 만사를 바르게 자리 잡고 안정시켜 주는 사람은, 천하를 다스리는 천자를 보필할 자격이 있는 군자라 하겠다.

하나인 진리의 도를 내버린 임금에게는 백성들이 따라오지 않는다. 반대로 하나인 진리의 도를 지니고 실천하는 임금으로부터는 백성들이 떠나지 않는다.

임금이 몸소 도를 지니고 실천하면, 바로 그것이 백성들에 대한 덕화가 되는 것이다.

道之所言者一也, 而用之者異.

有聞道而好爲家者, 一家之人也. 有聞道而好爲鄕者, 一鄕之人也. 有聞道而好爲國者, 一國之人也. 有聞道而好爲天下者, 天下之人也. 有聞道而好定萬物者, 天下之配也.

道往者, 其人莫來, 道來者, 其人莫往. 道之所設, 身之化也.

- 道(도) : 올바른 길, 도리(道理), 진리(眞理), 정치도, 천도(天道).
- 所言者(소언자) : 말해주는 바, 우리에게 가르쳐 주는 바, 종국적인 제시(提示).
- 用之者異(용지자이) : 하나인 진리를 실천하고, 따르고, 구현(具現)하는 방법이나 표현은 여러 가지로 다르게 나타난다.
- 聞道(문도) : 도리나 진리, 천도를 들어 깨닫는다.
- 好爲家者(호위가자) : 집을 잘 다스리는 사람. 爲는 治.
- 一家之人(일가지인) : 한 집을 다스릴 가장(家長)이다.
- 好定萬物(호정만물) : 定은 안정(安定). 만물을 잘 처리하다.
- 天下之配(천하지배) : 천하를 다스리는 천자를 보필할 사람. 군자(君子). 일설(一說)로는, 天下는 天地의 오자(誤字)라 보고 「天地之配」, 즉 「만물을 생육하는 천지의 덕에 어울릴 만하다.」로도 풀이한다.
- 道往者(도왕자) : 도를 멀리한 군주에게는. 往은 보내 버리다, 사라지다, 잊다(忘).
- 其人莫來(기인막래) : 인민들이 도를 버린 임금에게 가까이 오지 않는다.
- 道之所設(도지소설) : 도를 높이 내세우고 시행하는 바. 設은 내세우다(立), 시행하다(施).

• 身之化(신지화) : 백성들을 임금이 몸소 덕화(德化), 교화(教化)를 하는 것이다.

6.

완전하고 충만한 상태를 유지하려면 하늘과 더불어 천도를 따라야 하며, 나라의 위태로움을 안녕케 바로잡으려면 사람들과 더불어 협화(協和)해야 한다. 하늘의 법도를 잃으면 완전하고 충만되었다 해도 반드시 고갈 쇠미하게 될 것이며, 상하의 인간들이 협화롭지 못하면 나라가 일시 안태(安泰)롭다 해도 반드시 위태롭게 기울게 마련이다. 천하의 왕이 되고자 원하면서 천하를 다스릴 왕도(王道)를 잃어버리면, 천하를 얻을 수도 천하의 왕도 될 수 없다. 하늘이 내려준 바 천도를 터득하고 실천하면 만사가 자연같이 순리롭게 이루어진다. 반면에 천도를 잃어버리고 따르지 않으면 비록 임금으로 높이 섰다 해도 안태로울 수는 없다.

일단 천도를 터득하고 다스리는 경우에는 만사가 자연같이 순리롭게 부지불식(不知不識)간에 이루어지므로 아무도 의식하지 못하며, 공덕이 이루어져 백성들에게 혜택을 주되 아무도 의식하지 못한다. 이렇듯 모든 공덕이나 소위(所爲)를 속에 숨기고 드러내 보이지 않는 태도가 바로 천도라 하겠다.

持滿者與天, 安危者與人. 失天之度, 雖滿必涸, 上下不和, 雖安必危. 欲王天下, 而失天下之道, 天下不可得而王也. 得天之道, 其事若自然, 失天之道, 雖立不安.

其道旣得, 莫知其爲之, 其功旣成, 莫知其釋之, 藏之無形, 天之道也.

• 持滿者與天(지만자여천) : 만(滿)을 간직하려면 하늘과 더불어 해야 한다. 임금은 천도(天道)에 맞게 해야 만(滿)을 유지할 것이다. 滿은 완전무결(完全無缺), 충만, 만족, 완성. 즉 천도(天道)를 잘 따라야 성업(成業)을 완전하게 지킬 것이다.
• 安危者與人(안위자여인) : 상하(上下)의 인민들과 잘 협화(協和)해야 천하의 위태로움을 안녕(安寧)케 바로잡을 수 있다.
• 天之度(천지도) : 하늘의 법도.
• 雖滿必涸(수만필학) : 비록 찼다 해도 반드시 고갈된다. 涸은 메마르다.
• 其事若自然(기사약자연) : 천도(天道)를 얻으면 만사가 자연이 화성(化成)하고 번식(蕃殖)하듯 스스로 이룩된다.
• 莫知其爲之(막지기위지) : 천도를 얻으면 만사가 자연같이 스

스로 이루어지므로 일반 사람들은 알지 못한다.

• 莫知其釋之(막지기석지) : 釋(석 또는 탁)은 澤(택). 일반 사람들은 천도를 얻은 임금의 은택(恩澤)을 입으면서도 그런 줄도 모른다. 하늘의 은택을 모르듯이.

• 藏之無形(장지무형) : 깊이 지니고 밖에 드러내지 않는다.

7.

오늘의 일이 의심쩍거든 옛 역사에 비추어 보아라. 미래의 일을 알지 못하겠거든 과거에 비겨보아라. 만사의 발생이나 현상은 그 형태나 과정에서는 다르지만, 결국 법칙성에 있어서는 같게 귀결되며 고금을 통해 일정불변하다.

생나무로 대들보를 하여 집을 지었다가 집이 무너져도 원한이나 노여움을 남에게 돌리지 않는다. 자기 잘못으로 자책하고 만다. 그러나 어린아이가 개와 한 장이라도 떨어뜨리면 그 어머니가 회초리를 잡고 꾸짖는다. 즉 인위적(人爲的)인 과실은 작은 것이라도 탓한다.

공평무사한 천도를 따라 은덕을 잘 베풀면 먼 사람들도 스스로 친근하게 모여들고, 편파와 사적(私的)인 일처리를 하게 되면 친근했던 사람도 원망을 일으키게 된다.

하늘이 만들어낸 만물은 사람에게 공평무사하게 쓰이게 마련이다. 사적으로 가까울 것도 없고 멀 것도 없다. 따라서 공평무사한 만물을 잘 활용하면 남음이 있게 마련이고, 잘못 쓰면 부족하게 마련이다.

하늘을 따라 애를 쓰는 사람에게는 하늘이 도와주고, 하늘을 거역하고자 하는 자에게는 하늘이 버림을 준다. 하늘의 도움은 보이지도 않고 작은 것 같으나 결국은 큰 것이다. 하늘의 버림을 받으면 일시적으로 내가 성공한 듯하나 결국은 멸망하고 만다. 결국 순천자(順天者)는 공업(功業)을 이룩하게 마련이고, 역천자(逆天者)는 흉벌(凶罰)을 받게 마련이다. 이러한 철칙은 인간의 힘으로는 어쩔 도리가 없다.

疑今者, 察之古, 不知來者, 視之往. 萬事之生也, 異趣而同歸, 古今一也.

生棟覆屋, 怨怒不及. 弱子下瓦, 慈母操箠.

天道之極, 遠者自親, 人事之起, 近親造怨.

萬物之於人也, 無私近也, 無私遠也. 巧者有餘, 而拙者不足.

其功順天者, 天助之, 其功逆天者, 天違之, 天之所助, 雖小必大, 天之所違, 雖成必敗. 順天者有其功, 逆天者懷其凶, 不可復振也.

- 疑今者(의금자) : 현재를 의심하는 사람. 현금의 상황을 잘 판단하지 못하는 사람.
- 察之古(찰지고) : 이를 옛날 역사에 비추어 관찰하라, 살펴보라.
- 不知來者(부지래자) : 미래를 알 수 없는 사람.
- 視之往(시지왕) : 과거에 비추어 보라.
- 萬事之生(만사지생) : 모든 사물(事物)의 발생이나 현상.
- 異趣而同歸(의취이동귀) : 그들이 저마다 나타나고 뻗어가는 바 취향, 태도, 색채는 다르지만, 그 법칙성(法則性)에는 하나인 천도(天道)에 귀일된다.
- 古今一也(고금일야) : 예나 지금에 차이가 없이 고금이 같다.
- 生棟覆屋(생동복옥) : 생나무 대들보로 집을 지었다가 집이 무너져도.
- 怨怒不及(원노불급) : 원망이나 노여움을 남에게 밀지 않는다. 자기 잘못으로 자책한다.
- 弱子(약자) : 어린아이.
- 下瓦(하와) : 개와를 한 장이라도 떨어뜨리면.
- 操箠(조추) : 회초리를 들어 벌로 때리다. 箠는 채찍, 회초리.
- 天道之極(천도지극) : 공평무사(公平無私)한 천도를 잘 이룩하면.
- 人事之起(인사지기) : 편파적이고 사적인 인간 감정으로 일을

처리하기 시작하면.

- 造怨(조원) : 원한을 일으키게 된다.
- 私近(사근) : 사적으로 가깝다.
- 私遠(사원) : 사적으로 멀다.
- 巧者有餘(교자유여) : 만물을 잘 이용하면 남음이 있다.
- 拙者不足(졸자부족) : 졸렬하게 쓰면 부족하다.
- 懷其凶(회기흉) : 흉벌을 받게 된다. 懷는 이끌어오다(來).
- 振(진) : 구제하다(救).

8.

새나 까마귀들은 서로 엉키어 좋아하기는 하나 서로 친애(親愛)할 줄은 모른다. 무게가 없는 결의(結義)는 비록 굳게 맺었다 해도 반드시 풀리고 만다. 천도를 구현하는 길도 무게 있고 정중한 태도로 나가야 한다.

몹쓸 일을 해서는 안 된다. 불가능한 일을 강행해서는 안 된다. 알지 못하는 자에게 말해서는 안 된다. 몹쓸 일을 하거나, 안될 일을 강행하거나, 알지 못하는 자에게 말하는 것은 결국 고생스럽기만 하고 보람이 없다고 하겠다.

표면적으로 좋아하는 듯한 벗은 결국 친애하지 않음과 같다. 표면적으로 사랑하는 척하는 교제는 결국 맺지 않음과 같다. 표면적으로 주는 듯한 은덕은 결국 보답되지 않음이 나 같다.

진실로 심덕(心德)을 베풀어주는 임금에게만 사방의 만민들이 귀복(歸服)한다.

인재를 등용하지 않고 유아독존격으로 독재를 하는 왕의 나라는 고생스럽고 재화(災禍)가 번다하며, 이웃 나라와 친선협화하지 않는 고립국의 왕은 얕게 깔린 채 위엄도 없다. 스스로 중매하고 나서는 여자가 추하고 믿음성 없듯 이 제물로 나서는 신하도 옹졸하고 믿을 수 없다.

전에 친면도 없는데 친한 척하는 자는 멀리하는 것이 좋다. 오래 지나도 잊지 않는 사람은 불러들일 만하다.

해나 달은 때로 밝게 빛나지 않지만 그렇다고 하늘이 이들을 갈이 치우지 않으며, 산이 높으면서도 때로 가리워 보이지 않을 때도 있지만 그렇다고 땅이 이를 치워버리지도 않는다.

두 번 다시 말 못할 소리를 임금은 해서는 안 된다. 두 번 다시 행하지 못할 행동을 임금은 해서는 안 된다.

무릇 되풀이하지 못할 말이나 두 번 다시 못할 행동, 즉 임시응변적으로 한 소리나 한 행동은 국가를 다스리는 사람으로서는 절대로 삼가야 한다.

烏鳥之狡, 雖善不親. 不重之結, 雖固必解. 道之用也, 貴其重也.

毋與不可, 毋彊不能, 毋告不知. 與不可, 彊不能, 告不和, 謂之勞而無功.

見與之交, 幾於不親, 見哀之役, 幾於不結, 見施之德, 幾於不報.

四方所歸, 心行者也.

獨王之國, 勞而多禍, 獨國之君, 卑而不威, 自媒之女, 醜而不信.

未之見而親焉, 可以往矣. 久而不忘焉, 可以來矣.

日月不明, 天不易也, 山高而不見, 地不易也.

言而不可復者, 君不言也, 行而不可再者, 君不行也.

凡言而不可復, 行而不可再者, 有國者之大禁也.

- 狡(교) : 交라 본다. 즉 새들이 서로 떼지어 엉키다.
- 雖善不親(수선불친) : 동물세계에서는 서로 좋아 엉키기는 해도 인간 사회와 같이 서로 마음속으로 친애(親愛)하는 바가 없다.

- 不重之結(부중지결) : 무게가 없고 정중하거나 존중하지 않는 맺음, 결의(結義).
- 道之用(도지용) : 천도를 지키고 인도(人道)나 정치 도를 구현함에 있어.
- 貴其重(귀기중) : 무게 있고 정중하게 하는 것이 귀중하다.
- 毋(무) : 하지 말라.
- 與不可(여불가) : 해서는 안될 일에 편들고 도와주다. 또는 나쁜 사람과 어울리지 말라(意譯).
- 彊不能(강불능) : 불가능한 일을 강제로 이룩하고자 한다. 무능한 자에게 강요하지 말라.
- 告不知(고부지) : 알지 못하는 일을 말하다. 자기를 알아주지 않는 사람, 즉 지기(知己)가 아닌 자와는 말하지 말라(意譯).
- 勞而無功(로이무공) : 힘만 쓰되 보람이나 공이 없다.
- 見與之交(견여지교) : 표면적으로 편들고 사귀는 척하는 벗. 見은 현(現)으로 읽어도 좋다. 交는 友(우)자라고도 한다.
- 幾(기) : 거의 …에 가깝다.
- 見哀之役(견애지역) : 표면적으로 사랑하고 즐기는척하는 교제(交際). 哀는 사랑(愛), 즐거움(樂). 役은 佼, 交로 본다.
- 四方所歸(사방소귀) : 사방의 만민이 참으로 귀복(歸服)하는 바.
- 心行者(심행자) : 표면적이 아니고 속마음으로 덕(德)을 행하는 임금.
- 獨王之國(독왕지국) : 덕 있고 능력 있는 인재등용(人材登用)을 하지 않고 유아독존(唯我獨尊)으로 왕 노릇을 하는 나라.

독재전제군주(獨裁專制君主)의 나라.

- 獨國之君(독국지군) : 이웃 나라와 친선협화(親善協和)하지 않는 나라의 군주. 고립국가(孤立國家)의 왕.
- 自媒(자매) : 제가 나서서 자기를 파는.
- 女(여) : 여기서는 선비, 군자.
- 未之見而親(미지견이친) : 전에 보지도 않았는데, 아주 친근한 척하는 인간은 〈보내 버리는 것이 좋다.〉
- 日月不明(일월불명) : 해나 달이 항상 밝지 않다. 지고 흐릴 때도 있다. 〈그러나 하늘이 바꾸어 버리지는 않는다.〉
- 易(역) : 바꾸다. 갈다.

제3편 권수權修 경언經言 3

—주권 확립과 패권 장악의 길—

권수(權修)의 權은 저울질하여 경중(輕重)을 안다는 뜻이 있다. 따라서 윤지장(尹知章)은 관자의 주에서「임금은 반드시 일의 경중을 알아야 한다. 그래야 나라를 다스릴 수 있다.」라고 풀었다. 동시에 權은 주권이라고 볼 수 있다. 즉 권수편(權修篇)은 어떻게 하면 임금이 자기의 주권을 확립하고 나아가서는 천하통치의 패권을 장악하는가를 알리는 논설이라고 보아 무방하다.

우선 관자는 첫머리에서 들었다. 막강한 군대의 통수권(統帥權) 확립, 광대한 국토를 관리하고 개발할 관리, 수많은 국민을 영도하고 다스릴 지도 계급, 그리고 인민의 생명을 좌우하는 국가 정치의 중대성 네 가지다. 즉 국방체제의 확립, 국토개발의 촉진, 국민 영도의 실천, 정치 행정의 중대성을 역설한 것이다. 과연 이 네 가지는 국가존립과 정치행정의 기본이다.

다음에서 관자는 이 네 가지에 대하여 부연했다. 국토를 개발하고 천하지대본(天下之大本)인 농업을 진흥시켜야 인민이나 나라가 부하게 된다. 동시에 임금이나 귀족들은 사치와 낭비를 해서는 안 된다. 사치와 낭비를 하면 국민들로부터 수탈을 일삼게 되고 국민의 원한을 사며, 민심이 떨어지고 국민의 지지를 못 받고, 종국에는 나라가 망한다. 또한 위정자는 상벌을 밝혀야 한다.

그래야 인민들이 국가를 위해 목숨을 걸고 공을 세울 것이다. 동시에 임금은 민력을 마구 소모해서는 안된다. 국민이 적극적으로 국가에 봉사하되 그들의 힘을 아껴야 국가의 힘이 언제나 충만하고 국방력도 강화되는 것이다. 인민을 다스릴 임금이나 위정계급은 언제나 인민의 이익을 존중하고 그들에게 자비를 베풀고, 또한 솔선수범하는 태도를 교화해야 한다. 특히 예의염치(禮義廉恥)의 사유(四維)로 국민의 기풍을 높여야 한다. 다음으로 임금은 신상필벌로 국민의 분발심을 높이고 참여의식을 고취하며 아울러 유능 유덕한 인재를 등용해 국정에 참여시킴으로써 국가의 위신을 세우고 아울러 국민으로부터 신뢰받는 정치를 확립해야 한다.

국토개발로 생산성을 높이고 생활을 보장하고 의식주에 여유가 있게 한 다음에 정신 윤리로 교화 훈도해야 온 국민의 정신과 이념을 높이고 일치단결하게 된다. 한편 상벌을 공평히 하고 인재를 적재적소에 등용해 쓰면 국민이 국가 정치를 신뢰하게 된다.

관자의 이러한 주장은 원리적인 면에서 현대의 국정론(國政論)에도 통한다. 그러나 당시의 농업 위주 사회에서 관자가 농업을 본사(本事)라 하여 중히 여기고, 상공을 말사(末事)라 하여 국가적으로 금지해야 한다고 주장한 태도 같은 예로써 우리는 역시 시대적 고찰을 걸쳐 그의 국정론을 음미해야 할 것이라 생각된다.

단, 관자가 「국토를 수비하는 바탕은 성이며, 성을 지키는 바탕은 무력이며, 무력을 이룩하는 바탕은 인간이며, 인간을 보전하는 바탕은 양곡이다. 따라서 국토개발이 부진하여 양곡생산이 부족하면 결과적으로 국토 수비의 바탕인 성이 견고하지 못하다.(地之守在城, 城之守在兵, 兵之守在人, 人之守在粟. 故地不辟, 則城不固.)」라고 한 주장은 예리한 통찰이다. 오늘의 현대 국가에서도 이 주장은 그대로 들어맞는다. 국토개발은 경제적 발전과 부(富)를 이룩하고 나아가서는 국방력을 강화하게 된다. 그러나 국방력 강화의 바탕은 결국 슬기로운 개개 국민의 총화로 이룩되는 모든 국민이 생활 충족을 이룩하기 위해서는 국토개발로 생산성을 높여야 한다. 특히 백년지대계는 사람을 양육하는 데 있다. 한번 심고 백을 거두는 것이라고 인재 양성을 중요시했다. 관자의 이러한 경제개발 제1주의와 인재 양성의 강조는 오늘날에 더욱 실감 있게 느껴지기도 한다.

권수 편을 15단절로 나눈 것은 필자가 번역과 해설의 편의를 위한 것임을 밝혀둔다.

– 不朽의 眞理 –

( ) 안에 숫자는 단절을 가리킨다.

地博而國貧者, 野不辟也, 民衆而兵弱者, 民無取也.(2)

野不辟, 民無取, 外不可以應敵, 內不可以固守.(2)

賦斂厚, 則下怒上矣, 民力竭, 則令不行矣. 下怒上, 令不行, 而求敵之勿謀己, 不可得也.(3)

遠人至而去, 則有以畜之也, 民衆而可一, 則有以牧之也.(4)

厚愛利, 足以親之, 明智禮, 足以敎之.(6)

故取於民有度, 用之有止, 國雖小必安. 取於民無度, 用之不止, 國雖大必危.(7)

地之不辟者, 非吾地也, 民之不牧者, 非吾民也.(8)

其積多者, 其食多, 其積寡者, 其食寡, 無積者不食.(8)

故曰, 察能授官, 班祿賜予, 使民之機也.(8)

故野不積草, 府不積貨, 市不成肆, 朝不合衆, 治之至也.(9)

人情不二, 故民情可得而御也.(10)

地之守在城, 城之守在兵, 兵之守在人, 人之守在粟. 故地不辟, 則城不固.(11)

天下者國之本也. 國者鄕之本也. 鄕者家之本也. 家者人之本

也. 人者身之本也. 身者治之本也.(11)

貨財上流, 賞罰不信, 民無廉恥, 而求百姓之安難, 兵士之死節, 不可得也.(12)

上好詐謀, 臣下閒欺, 賦斂競得, 使民偸壹, 則百姓疾怒, 而求下之親上, 不可得也.(12)

有地不務本事, 君國不能壹民, 而求宗廟社稷之無危, 不可得也.(12)

一年之計, 莫如樹穀, 十年之計, 莫如樹木, 終身之計, 莫如樹人. 一樹一穫者, 穀也, 一樹十穫者, 木也. 一樹百穫者, 人也.(13)

民之修小禮, 行小義, 飾小廉, 謹小恥, 禁微邪, 治之本也.(14)

凡牧民者, 欲民之可御也. 欲民之可御, 則法不可不審.(15)

法者, 將用民之死命者也. 用民之死命者, 則刑罰不可不審, 刑罰不審, 則有辟就. 有辟就, 則殺不辜, 而赦有罪.

殺不辜而赦有罪, 則國不免於賊臣矣.(15)

故夫爵服賤, 祿賞輕, 民閒其治, 賊臣首難, 此謂敗國之教也.(15)

1.

전차(戰車) 만대를 보유하는 천자(天子)의 나라의 군대에는 반드시 총사령관이 있어 통수해야 한다. 국토가 넓고 보니 각 지방에는 지방관리가 없을 수 없다. 백성의 수가 무척 많으니, 이들을 다스리는 관가(官家)에는 저마다 책임을 질 장(長)이 있어야 한다. 인민들의 생사여탈을 손아귀에 쥐고 있으니 조정의 정치는 바르지 않으면 안된다.

萬乘之國, 兵不可以無主. 土地博大, 野不可以無吏. 百姓殷衆, 官不可以無長. 操民之命, 朝不可以無政.

• 萬乘之國(만승지국) : 전차(戰車) 만 대를 가질 수 있는 나라.

즉 천자(天子)가 다스리는 나라. 乘은 사두마(四頭馬)가 끄는 병거(兵車), 즉 전차로서 한 전차에는 무장한 갑사(甲士) 3명과 보졸 72명이 따랐다. 천승을 가질 수 있는 나라를 천승지국(千乘之國)이라 하고 제후(諸侯)의 나라이다.

- 兵(병) : 군대, 군인, 무기의 뜻도 있다.
- 主(주) : 지배자, 장수(將帥), 장(長).
- 博大(박대) : 博은 넓다. 광대하다.
- 野(야) : 지방, 전야(田野). 넓게 국토(國土)라고 풀어도 좋다.
- 無吏(무리) : 吏는 벼슬아치, 관리, 치정관(治政官). 공무원. 지방을 다스릴 관리가 없으면 지방의 국토개발이 안 된다.
- 殷(은) : 많다, 성(盛)하다.
- 衆(중) : 많다.
- 操民之命(조민지명) : 인민의 생명을 쥐고 있다. 즉 생사여탈의 권한을 잡고 있다.
- 朝(조) : 조정, 정부.
- 政(정) : 정치, 올바른 정치. 政은 正이다.

* 통수권(統帥權)이 확립되지 않은 군대는 아무리 숫자상으로만 많아도 쓸모가 없다. 방대한 국토는 국가적 개발을 해야 한다. 많은 국민들의 잡다한 일을 맡아 처리할 각 관청은 책임 행정을 할 장이 있어야 한다. 정치는 예나 지금이나 인민의 생사를 좌우한다. 정치는 바르게 하는 것이다(政者正也). 정치가 바르지 못하면 인민들은 무고하게 죽는 것이다.

2.

국토가 넓은데도 나라가 가난한 까닭은 농토개발이 되지 않은 탓이다. 국민의 수는 많은데도 병력이 약한 까닭은 국민들이 적극적으로 나서서 행동하지 않기 때문이다.

상업(商業) 같은 말단적인 영업을 금지하지 않으면 농업 개발이 되지 않으며, 상벌이 뒤집히면 국민들은 가치에 근거를 못 잡고 따라서 적극적으로 행동하지 않는다.

농토의 개발이 안되고 국민들이 적극적으로 나서지 않으면, 밖으로는 적과 대응할 수 없고 안으로는 굳게 나라를 지킬 수 없다.

따라서 만 대의 전차를 가진 천자의 나라라는 이름만 있고, 실제로는 천대의 전차를 가진 제후의 나라만큼의 실력도 없으면서 이른바 국가권력이 취약하지 않기를 희구해 봤자 안될 노릇이다.

地博而國貧者, 野不辟也. 民衆而兵弱者, 民無取也.

故末産不禁, 則野不辟, 賞罰不信, 則民無取.

野不辟, 民無取, 外不可以應敵, 内不可以固守.

故曰, 有萬乘之號, 而無千乘之用, 而求權之無輕, 不可得也.

- 野不辟(야불벽) : 국토가 개발되지 않다. 辟은 闢.
- 無取(무취) : 행동을 표하지 않는다. 取는 하다(爲), 다스리다(治)의 뜻이 있다. 取를 恥로 보고 염치(廉恥)가 없다로 풀기도 하나 적절하지 못하다. 또한 取를 의지할 바, 근거할 바가 없다로 풀 수도 있다.
- 末産(말산) : 농업을 본업으로 보는 견지에서 상공업(商工業)을 말단의 산업으로 친다.
- 賞罰不信(상벌불신) : 信은 밝히다(明). 반드시 믿다. 경건하게 좇다(從). 상벌을 밝혀 시행하다. 신상필벌(信賞必罰).

*국가의 강성(强盛)은 광대한 판도나 수다(數多)한 국민에만 있는 것이 아니다. 국토가 개발되어 생산이 높고 상벌의 가치기준이 확립되어 국민들이 공(公)과 정(正)을 위하고, 또한 국가나 대의를 위하여 적극적으로 나서서 애국애족(愛國愛族)에 참여하고, 또 그것을 명예롭게 여기고 그렇게 함으로써 보람과 보답을 받는 나라라야 한다.

3.

국토가 개발되어 생산이 높은데도 나라가 가난한 까

닭은, 다름이 아니라 임금이 타고 다니는 배나 수레가 사치스럽고, 궁궐이 광대하고 호화로워 낭비가 심하기 때문이다.

상벌을 바르게 하는데도 병력이 약한 까닭도, 다름이 아니라 국민 대중의 힘을 함부로 동원해 쓰고 국민들을 피로하게 만든 때문이다.

배나 수레를 사치스럽게 꾸미고 궁궐을 광대하고 호화롭게 짓고 보면, 결국 국민들로부터 과중하게 조세를 거둬들이게 마련이며, 국민 대중의 힘을 함부로 동원해 쓰고 국민들을 피로하게 만들면, 결국 국민들의 저력이 고갈되고 만다.

과중하게 조세를 거둬들이면 국민들이 나라를 원망할 것이며, 국민의 저력이 고갈되며 국가에서 영을 내려도 실천될 수가 없다.

국민이 국가를 원망하고 국가의 영이 실천되지 않아 국내적으로 파탄이 났는데도 대외적으로 적국들이 공략(攻略)하지 않았으면 하고 희망해 보았자 소용이 없는 것이다.

地辟而國貧者, 舟輿飾, 台榭廣也.

賞罰信而兵弱者, 輕用衆, 使民勞也.

舟車飾, 台榭廣, 則賦斂厚矣, 輕用衆, 使民勞, 則民力竭矣.

賦斂厚, 則下怒上矣, 民力竭, 則令不行矣.

下怒上, 令不行, 而求敵之勿謀己, 不可得也.

• 舟輿飾(주여식) : 배나 수레를 사치스럽게 꾸미다. 임금이 행차(行次)함에 사치와 낭비를 하면 국가 재정에 바닥이 난다.
• 臺榭廣(대사광) : 臺는 흙을 돋아 올린 위에 지은 누대. 榭는 목조(木造)의 망루(望樓). 여기에서는 台榭를 궁궐(宮闕)의 뜻으로 썼다. 廣을 광대하다. 호화롭다. 임금이 궁궐을 광대하고 호화롭게 지으면 국고가 마른다.
• 輕用衆(경용중) : 경솔하게, 함부로 민중을 쓰다.
• 使民勞(사민로) : 백성을 피로하게 만든다.
• 賦斂厚(부렴후) : 조세를 거둬들임이 많게 된다. 인민으로부터 실하게 조세를 걷다. 賦는 조세(租稅). 斂은 거두어들이다.
• 竭(갈) : 마르다, 다하다(盡).
• 敵之勿謀己(적지물모기) : 적이 나에게 대하여 모략을 꾸미지 않기를 〈바라다(求)〉.

*국토개발이나 필벌상신(必罰賞信)으로 생산성을 높이고 국민의 참여의식을 조장하는 것만으로 만족해서는 안 된다. 국가의 재물과 국민의 역량을 아끼고 소중히 활용해야 한다. 위정

자의 사치나 허식 및 낭비와 도용(徒用)은 가렴주구(苛斂誅求)와 민력고갈(民力固竭)을 초래하고, 이윽고는 상하의 분열과 외침(外侵)을 초래케 할 것이다.

4.

천하를 다스리고자 하는 자는 천하를 구성하고 있는 각 나라들을 존중하고 활용해야 하며, 한 나라를 다스리고자 하는 자는 그 나라의 국민들을 높이고 활용해야 하며, 한 나라의 국민을 잘 다스리고자 하는 자는 그들 국민의 역량을 무겁게 여기고 그들로 하여금 진력(盡力)토록 해야 한다.

군왕이 국민들을 잘 양육해 주지 않으면 국민들은 그 나라를 떠나 멀리 가버리고 말 것이며, 군왕이 국민들을 잘 훈도해 주지 않으면 국민들이 설사 머물러 있다 해도 부릴 수가 없게 된다.

먼 고장 사람들이 제 발로 찾아와 머물게 되는 이유는 군주가 국민을 잘 양육해 주는 까닭이며, 많은 국민들이 하나로 뭉치고 단결될 수 있는 이유는 군주가 국민을 잘 훈도했기 때문이다.

欲爲天下者, 必重用其國, 欲爲其國者, 必重用其民. 欲爲其民者, 必重盡其民力.

無以畜之, 則往而不可止也, 無以牧之, 則處而不可使也.

遠人至而不去, 則有以畜之也, 民衆而可一, 則有以牧之也.

- 欲爲天下者(욕위천하자) : 천하를 다스리고자 하는 사람. 爲는 治(치).
- 無以畜之(무이축지) : 임금이 인민을 양육하지 않으면, 畜은 育(육). 以는 별 뜻이 없다. 有以의 以도 같다.
- 無以牧之(무이목지) : 임금이 목민(牧民)을 잘하지 않으면. 牧은 양육하다. 법도(法度)를 세워 잘 다스리고 키우다.
- 民衆而可一(민중이가일) : 인민들이 많으면서도 하나로 뭉치고 단결될 수 있다.

* 천하를 잘 통치하는 귀결점은 결국 국민을 잘 양육하고 훈도하는 것이다. 물질적으로 생활을 보장하고 아울러 정신적으로 교화훈도(敎化訓導)해야 온 국민이 하나로 뭉치고 통일된다. 기술과 물질은 정신과 윤리로 활용되어야 세계 인류는 하나로 통일되고 고르게 행복과 번영을 누릴 수 있는 것이다.

1에서는 강력한 통치(統治)와 지도체제의 정비와 책임행정(責

任行政)을 주장했고, 2에서는 이러한 바탕 위에서 국토개발로 생산성을 높이는 동시에 국민의 참여의식을 고조하는 바탕인 필벌신상을 지켜 국가의 물력(物力)과 국민의 인력(人力)을 공고히 다짐으로써 밖으로 응적(應敵)하고, 안으로 고수(固守)하자고 했다. 3에서는 위정자나 집권층의 사치와 낭비를 물력이나 인력에 절대로 금할 것을 깨우쳤다. 사치나 낭비는 바로 외침(外侵)을 스스로 끌어들이는 것이라 밝히고, 4에서는 국민들에 대한 존중과 훈도를 역설했다.

강력한 지도체제와 책임행정은 국력을 증강하는 바탕이며, 증강된 국력은 사치와 낭비 없이 활용해야 하며 이에 국민을 높이고 잘 양육, 교화함으로써 하나로 묶고 통일하자는 국정론(國政論)은 질서정연하고, 오늘의 우리에게도 깨우쳐 주는 바가 크다.

5.

옳은 일을 보면 상을 주어 진심으로 기쁨을 표시하고, 옳지 못한 일을 보면 형벌을 내리어 진심으로 미움을 나타내라. 이렇듯 구체적인 행동에 대하여 올바르게 상벌을 가려 내리면 비록 당장에 나타나지 않는다 하더라도 나쁜 짓을 감히 하지 못하게 될 것이다.

이와 반대로 옳은 일을 보고도 그저 기뻐만 하고 실질적으로 상을 주지 않거나, 또는 옳지 못한 일을 보고도 미워만 할 뿐 실질적으로 형벌을 내리지 않는다면, 이는 눈에 보이게 상벌을 올바르게 시행하지 않는 것이며, 이렇게 해가지고는 보이지 않는 곳에서 착한 일을 하도록 국민이 교화되기를 기대할 도리가 없게 된다.

見其可也, 喜之有徵, 見其不可也, 惡之有刑. 賞罰信於其所見, 雖其所不見, 其敢爲之乎.

見其可也, 喜之無徵, 見其不可也, 惡之無刑. 賞罰不信於其所見, 而求其所不見之爲之化, 不可得也.

- 見其可也(견기가야) : 옳고 착한 일을 보면.
- 喜之有徵(희지유징) : 喜는 좋아하며 사랑하다. 徵은 징험(徵驗), 밝게 내보인다. 즉 착한 일을 한 사람을 사랑하며 상을 주어 그 착함을 밝게 빛내준다는 뜻.
- 惡之有刑(오지유형) : 그를 미워하고 형벌을 내린다.
- 賞罰信於其所見(상벌신어기소견) : 임금이 보는 바대로 착한 일에는 상을 주고, 나쁜 일에는 벌을 내리다. 於는 동사 「信」과 목적어 「其所見」을 연결하는 허사(虛詞)로 없어도 좋다.
- 敢爲之乎(감위지호) : 감히 나쁜 짓을 하겠는가!

• 其所不見之爲之化(기소불견지위지화) : 임금이 보지 않는 곳에서 교화(敎化)가 이루어지기를. 남이 보지 않아도 착한 일을 해야 한다고 인민들에게 교화시키려 해도.

* 일차적으로 표면에 나타난 행동에 대하여 진심으로 신상필벌을 시행하라. 구체적이고 분명한 신상필벌은 점차로 국민들을 선행으로 교도(敎導)해 갈 것이다. 눈에 보이게 상줄 것은 주고, 벌할 것은 벌하는 것이 선악에 대한 분명한 심판이자, 선을 택하고 악을 멀리하게 하는 교화의 길이기도 하다.

6.

군주가 백성들을 두텁게 사랑하고 그들의 이득을 높여주면 백성들이 친근감을 갖게 되고, 군주가 슬기와 예절을 밝히면 백성들을 교화시킬 수 있다. 윗사람이 백성에 앞서 몸소 실천하고, 법도나 분량을 깊이 살피어 모든 제도를 제정하여 백성들이 따르게 한다. 마을에는 스승을 배치하여 백성들을 가르치고 훈도한다. 그러고 나서 헌령을 공포하여 백성에게 알리고, 착한 행위에 대하여는 경하나 포상으로 권장하고, 악한 범죄에 대하여는 형벌로서 다진다.

이렇게 되면 백성들은 모두가 착한 일하기를 즐길 것이며, 그 결과 난폭한 행동이 없어질 것이다.

厚愛利, 足以親之, 明智禮, 足以教之.

上身服以先之, 審度量, 以閑之, 鄕置師, 以說道之, 然後申之以憲令, 勸之以慶賞, 振之以刑罰.

故百姓皆說爲善, 則暴亂之行無由至矣.

- 厚愛利(후애리) : 인민들을 두텁게 사랑하고 그들의 이득을 높여주다.
- 服(복) : 행(行)하다.
- 審度量(심도량) : 모든 법도(法度)나 분량(分量)을 깊이 살피어 국가 사회의 제도를 면밀하게 세우다.
- 閑之(한지) : 인민들을 법에 따르게 하다. 閑은 法, 習(익숙하다)의 뜻이 있다. 閑을 防(막다)으로 풀고, 인민들이 나쁜 짓 하는 것을 막다로도 푼다.
- 申(신) : 거듭 밝히다. 申은 거듭(重), 명백하게의 뜻이 있다.
- 振(진) : 震(진)에 통한다. 겁나고 두렵게 하다. 또한 바로잡다. (正, 整)의 뜻도 있다.
- 說爲善(열위선) : 마음속으로 즐거이 선을 이룩한다.

* 짧은 단절이지만 위정자와 인민의 관계를 다각적으로 찔

러 말했다. 우선 군주가 인민을 사랑하고 그들의 이득을 보장해 줌으로써 친근감을 불러일으키고 군민(軍民)이 일체가 되어야 한다. 다음으로 지식과 예의를 밝힘으로써 인민을 교화하고 아울러 위정자가 솔선수범하고 현실적인 제도를 설정하여 인민들로 하여금 따르게 해야 하며, 한편 각 지방에도 교사(敎師)들을 배치하여 지방민들을 교육 훈도해야 한다. 법령은 그 다음이다. 법령으로 틀이나 길만 가르쳐 주어도 부족하다. 한 발 더 나아가 선행은 상을 주고 악행에는 벌을 내려 신상필벌해야 한다. 그러면 모든 백성들은 자진해서 선행을 할 것이다.

위정자와 국민이 인애(仁愛)와 호혜(互惠)로 일체감을 느끼고 이어 인식(認識), 이성, 지식과 예절과 도의(道義) 및 인륜을 밝혀 국민 전체를 교화한다. 그 다음에 현실적인 제도와 법령을 설정하되 신상필벌로 선(善)에는 이(利)가 따르고 악(惡)에는 벌(罰)이 따르도록 진심으로 보여주어야 한다. 이때에 국민들은 자발적으로 선을 이룩하고 악을 피할 것이다. 국민을 선도하는 요결은 국민을 사랑하고 그들을 이롭게 하는 것이다.

7.

땅이 곡식을 생산해 내지만 시간적으로 제한되어 있고 백성의 노동력도 무한정 있는 것이 아니다. 지치고 다할 때가 있다. 그런데 임금의 욕심은 끝이 없다.

생산에 있어 시간적으로 유한(有限)한 곡식이나 노역(勞役)에 있어 유한한 민력(民力)을 가지고 끝없는 임금의 욕구를 채우게 마련이다. 그러나 유한한 재물이나 민력과 무궁한 욕구 사이에 적절한 분량이나 절도를 마련해 놓지 않으면, 결국에 백성과 임금이 서로 마찰을 일으키고 서로 미워하게 된다.

이렇게 하여 신하로서 자기의 임금을 살해하거나 자식으로서 자기의 아버지를 살해하는 자도 있게 마련이다.

따라서 한도(限度) 있게 백성들로부터 거둬들이고 알맞게 용도(用度)를 쓰면, 비록 작은 나라라 할지라도 반드시 안태(安泰)로울 것이다. 그와는 반대로 한도 없이 백성들로부터 거둬들이고 끝없이 용도를 쓰면 비록 큰 나라라 할지라도 반드시 위태롭게 된다.

地之生財有時, 民之用力有倦, 而人君之欲無窮.

以有時與有倦, 養無窮之君, 而度量不生於其間, 則上下相疾也.

是以臣有殺其君, 有子殺其父子者矣.

故取於民有度, 用之有止, 國雖小必安. 取於民無度, 用之不止, 國雖大必危.

- 有時(유시) : 때가 있다고 하는 것은 시간적 제한이 있다는 뜻.
- 有倦(유권) : 지친다. 끝나다. 고갈되다.

* 아무리 절대 권력을 차지하고 있는 국왕이라 해도 끝없는 욕심대로 취하고 써서는 안 된다. 재물이나 민력은 유한하다. 한편 국왕의 욕구는 무궁할 것이다. 이에 양자를 조절하고 유한한 재물과 민력을 활용해야 국가는 안태롭다. 유한한 생산량과 노동력과 무궁한 위정자의 욕구가 균형을 잃으면 상하의 상극과 국가의 위망이 있을 뿐이다. 백성에게는 어디까지나 「厚愛利」하여 상하가 한덩어리로 뭉치고 서로 친애(親愛)로워야 한다.

8.

개발(開發)하지 않은 땅은 내 나라의 땅이 아니고, 양육 교화되지 않은 국민은 내 나라의 국민이 아니다.

무릇 국민들을 잘 다스리고자 하는 군주는 모든 국민들 각자의 학덕이나 공적에 따라 녹식(祿食)을 분배해 주어야 한다. 이 점을 깊이 살피고 밝게 다스리지 않으면 안 된다.

국가에 대한 공적이 많은 사람에게는 많은 녹식을 주고, 공적이 적은 사람에게는 작은 녹식을 주고, 공적이 전혀 없는 자에게는 녹식을 주지 않는다.

만약 국가에 대한 공적이 있는데도 녹식을 주지 않으면 국민들은 윗사람과 거리를 갖게 되고, 공적이 많은데도 녹식을 적게 주면 국민들은 노력하지 않게 되며, 공적이 적은데 녹식을 많이 주면 국민들이 거짓을 많이 저지르게 되며, 아무 공적도 없이 건달로 녹식을 얻어먹게 되면 국민들이 요행만을 탐내게 된다. 국민이 위정자와 유리되고 노력을 하지 않고 사기에 젖고 요행만을 탐내게 되면, 국가적 제반사가 이루어질 수 없고 적에 대응할 수도 없다.

결국 유능한 인재를 등용하여 관직을 수여하고 계층에 따라 봉록을 내려주는 것이 국민을 잘 쓰는 요결이다.

地之不辟者, 非吾地也, 民之不牧者, 非吾民也.

凡牧民者, 以其所積者食之, 不可不審也.

其積多者, 其食多, 其積寡者, 其食寡. 無積者不食.

或有積而不食者, 則民離上, 有積多而食寡者, 則民不力, 有積寡而食多者, 則民多詐, 有無積而從食者, 則民倫幸.

故離上, 不力, 多詐, 倫幸, 擧事不成, 應敵不用.

故曰, 察能授官, 班祿賜予, 事民之機也.

- 以其所積者食之(이기소적자사지) : 쌓아 놓은 바에 따라 먹이다. 즉 학덕(學德)이나 공적(功績)에 따라 녹(祿)이나 작(爵)을 내려준다는 뜻.
- 倫幸(투행) : 요행이나 일시적 이득을 탐낸다.
- 班祿(반록) : 班은 분별하다. 즉 학덕 공적에 맞게 녹을 가려주라는 뜻.

* 지도(地圖)상의 판도만으로는 진짜 국토의 구실을 못한다. 개발하여 재물을 생산하는 땅이 진짜 내 나라의 영토라 할 수 있다.

각자의 공적(功績)에 따라 녹식(祿食)을 분배하라는 주장은 합리적이다. 국가의 발전은 국민 각자의 능력과 식견과 봉사에 의해 이루어진다. 무능하거나 무식하거나 이기적인 인간에게 국가는 기대할 바가 적다. 그렇다면 국가적으로 우대하고 뒷바지를 잘해주었어야 할 국민과 보다 덜 봐줘야 할 국민을 분별해야 할 것이다. 이것이 유한한 재물과 민력을 활용하는 길이기도 하다. 물론 관자가 여기서 말하는 녹식(祿食)은 봉록(俸祿), 국록(國祿)의 뜻이다. 따라서 국가에 대한 공적이 없는 자에게 녹식을 주지 않는다는 뜻은, 오늘의 공무원이나 국가 유공자가 아닌 자에게 국가가 직접 대우하지 않는다는 뜻일 것이다. 공적이 없다고 백성들의 먹고 사는 길을 막는다는 뜻은 아니다.

만약 공적이 없는데도 국록을 많이 받게 되면, 국민들은 성실하게 노력하는 대신 사기나 무위도식(無爲徒食)에만 흐르게 된다. 이렇게 되면 국가는 종국에 파탄되고 만다.

능력 있는 인재를 등용하고 공적에 따라 국록을 내려야 한다. 신상필벌과 아울러 인재 등용의 요점을 밝혔다.

9.

농촌과 도시에 거주하는 인구는 서로 반비례하게 마련이고, 민가(民家)나 국고(國庫)는 재물을 두고 서로 상응하는 관계에 놓이게 마련이며, 금화나 곡물은 그 귀중함에 있어 서로 대응하게 마련이며, 지방은 조정과 다스림을 놓고 대립되게 마련이다. 즉 농촌이 개발되어 번성하면 인구가 농촌에 몰리어 도시 인구가 줄 것이며, 민가의 재물이 많이 쌓여 있으면 국고 속에 재물이 없어도 국가는 부할 것이며, 곡물이 금화와 값을 다투면 그만큼 농업생산의 의욕이 높아질 것이며, 지방정부가 중앙정부와 다스림을 다툴 수 있음은 지방자치의 확립을 알리는 것이다. 농촌에 풀이 쌓이지 않은 것은 개발이 잘 되어 농사를 앞세운 탓이며, 국고에 재화가 쌓여 있지 않음은 바로 민가에 재물이 쌓여 있음을 증명하는 것이며, 도시에 저자가 늘어서 있지 않음은 민가들이 저마다 자급자족하고 있음을 알리는 것이며, 조정에 많은 선비들이 모여 있지 않음은 지방자치가 잘 되어있음을 증명하는 것이다.

따라서 들에 잡초가 우거지지 않고 국고에 재화를 쌓아놓지 않고, 도시에 저자가 서지 않고, 조정에 많은 선비가 모여 있지 않는 것이 바로 정치가 잘 됨을 증명하는 것이다.

野與市爭民, 家與府爭貨, 金與粟爭貴, 鄕與朝爭治.

故野不積草, 農事先也. 府不積貨, 藏於民也. 市不成肆.

家用足也. 朝不合衆, 鄕分治也.

故野不積草, 府不積貨, 市不成肆, 朝不合衆, 治之至也.

- 野與市爭民(야여시쟁민) : 野는 농촌, 市는 도시. 농촌은 도시와 백성을 다툰다. 서로 반비례한다. 농촌이 개발되고 풍성하면 백성들이 도시에 몰리지 않는다. 관자(菅子)는 식량생산의 본고장인 농촌에 사람들이 많이 모인다는 것은, 농업생산이 높음을 알리는 것이라 믿고 있다.
- 家與府爭貨(가여부쟁화) : 家는 민가(民家), 일반 국민. 府는 국고(國庫), 나라. 貨는 제화, 재물. 爭은 다투다. 여기서는 상대적 관계가 있다. 국민이 부(富)하면 국가도 부해진다. 따라서 현군(賢君)은 재화를 국고에 쌓지 않고 민가에 쌓게 한다.
- 金與粟爭貴(금여속쟁귀) : 粟은 식량이다. 식량도 금같이 귀하게 여겨야 농업이 성하고, 농업을 생산의 바탕으로 하는 옛날의 국가 사회가 안정된다.
- 鄕與朝爭治(향여조쟁치) : 鄕은 지방 마을, 민간사회(民間社會). 朝는 조정, 중앙, 정부. 지방이나 중앙이 다 같이 고르고 균등하게 발전해야 한다. 중앙정부만 비대하고 지방이나 민간은 버림받으면 결국 그 나라는 망하고 만다.
- 野不積草(야부적초) : 지방이나 농촌에 농업이 발달하고 개간이 잘되어 있으면 풀들이 쌓이지 않게 마련이다.
- 市不成肆(시부성사) : 도시에 저자나 점포들이 많지 않다. 농업생산을 바탕으로 하고, 자급자족하는 사회에서 비생산적인 장사는 높이 평가되지 못하는 것은 당연하다.

* 기발하고 재미있게 논리를 대응시키고 있다. 도시보다는

농촌에 인구가 모여야 농경생산(農耕生產)이 오른다. 국고는 비어도 민가에 재물이 쌓여 있으면 그 나라는 부한 나라다. 농산물 값이 금만큼 비싸야 농경생산의 의욕이 높아질 것이다. 지방자치가 잘되면 중앙정부는 한가로울 것이다. 국민들이 자급자족하면 말산(末產)인 중간 착취를 일삼는 장사꾼들이 불필요하다. 농업사회의 정치적 이상을 대립적으로 알리고 있다.

10.

사람의 정리(情理)는 둘이 아니고 누구나 같다. 따라서 위정자는 인민의 느낌이나 생각을 파악함으로써 그들을 잘 다스릴 수 있는 것이다.

한 사람을 두고 그가 좋아하는 바와 싫어하는 바를 잘 살피면, 그의 장점이나 단점도 알 수 있는 것이다. 그가 교유하는 상대를 보면, 그가 현명한지 불초인지를 알 수 있다. 한 인간의 장단점과 아울러 그가 현명하냐 불초이냐를 잘 파악한다면, 모든 사람을 바르게 뽑아 관직에 등용할 수 있는 것이다.

人情不二, 故民情可得而御也.

審其所好惡, 則其長短可知也, 觀其交游, 則其賢不肖可察也. 二者不失, 則民能可得而官也.

- 御(어) : 다스리다(治).
- 民能可得而官(민능가득이관) : 백성들 속에서 유능유재(有能有才)하고 학덕(學德)이 높은 인재를 발탁하여 관리(官吏)로 등용한다.

* 위정자는 인간을 정확하고 예리하게 알아볼 수 있어야 한다. 인간에 대한 올바른 통찰력 없이 아무나 등용하고 관직을 주어서는 안 된다. 인간의 속바탕은 누구나 같다. 즉 인간의 속을 정확하게 파악해야 인민을 다스릴 수 있는 것이기도 하다.

11.

국토를 수비하는 바탕은 성이며, 성을 지키는 바탕은 병력이며, 병력을 이룩하는 바탕은 인간이며, 인간을 보전하는 바탕은 곡식이다. 따라서 국토개발이 되지 못하여 곡식 생산이 부진하면, 결과적으로 국토 수비의 바탕인 성이 견고하지 못하게 마련이다.

몸을 닦지 않고 어찌 인간으로서의 대비를 기대할 수 있겠느냐? 개인을 수양하지 않고서 어찌 한 집안으로서의 대비를 기대할 수 있겠느냐? 집안을 다스리지 않고서 어찌 고을로서의 대비를 기대할 수 있겠느냐? 고을을 다스리지 않고 어찌 국가로서의 대비를 기대할 수 있겠느냐? 국가를 다스리지 않고서 어찌 천하로서의 대비를 기대할 수 있겠느냐?

천하는 국가의 바탕이고, 국가는 고을의 바탕이고, 고을은 집의 바탕이고, 집은 사람의 바탕이고, 사람은 몸의 바탕이고, 몸은 다스림의 바탕이다.

윗사람이 천하의 본인 농경(農耕) 생산을 중요시하지 않으면 말단적인 상업을 금하지 못할 것이며, 말단적인 상업을 금하지 않으면 일반 국민들이 농사를 소홀히 하고 토지에서 거둬들이는 농업생산을 경시하게 될 것이다. 이렇듯 농업생산을 경시하는 마당에서 농경지의 개발과 창고에 곡식이 충만하기를 바라는 것은 터무니없는 일이라 하겠다.

地之守在城, 城之守在兵, 兵之守在人, 人之守在粟. 故地不辟, 則城不固.

有身不治, 奚待於人. 有人不治, 奚待於家. 有家不治, 奚待於鄕. 有鄕不治, 奚待於國. 有國不治, 奚待於天下, 天下者國之本也. 國者鄕之本也. 鄕者家之本也. 家者人之本也. 人者身之本也. 身者治之本也.

故上不好本事, 則末産不禁. 末産不禁, 則民緩於時事, 而輕地利. 輕地利, 而求田野之辟, 倉廩之實, 不可得也.

- 守(수) : 수비(守備), 보전(保全). 잘 가꾸고 조종한다는 뜻까지 포함하고 있다.
- 待(대) : 恃(시)에 통한다. 믿다, 의지하다, 기대하다. 또한 방비하다, 대비하다.
- 本(본) : 바탕, 기본, 근본.
- 本事(본사) : 농업 생산을 가리킨다.
- 末産(말산) : 상업이나 기공(技工).
- 緩於時事(완어시사) : 緩은 게을리하다, 태만(怠慢). 時事는 사계절에 걸쳐 하는 농사(農事).
- 地利(지리) : 토지로부터 얻은 농업 생산의 이득.

* 천하 → 나라 → 고을 → 집안 → 사람 → 몸. 이것을 밑에서부터 거슬러 올라가면 몸 → 사람 → 집안 → 고을 → 나라 → 천하가 된다. 결국 천하의 밑바탕은 한 인간의 육신(肉身)이다. 이 육신을 양육하는 것은 곡식(粟)이다. 따라서 관자는 「故地不辟, 則城不固.」라고 했다. 국토를 보존하는 핵심은 생산성을 높이는

데 있다는 말이다.

특히 관자는 농업을 중시했다. 비생산적이고 중간이득이나 착취하는 상업을 말산(末產)이라 했고, 이를 통치자는 강력히 금해야 한다고 주장했다. 말산을 금하지 않으면 「農者天下之大本也」라고 한 본사(本事)인 농업이 진흥하지 못하고, 그렇게 되면 국토개발도 안되고 국고(國庫)도 텅 비게 된다. 이는 국가가 위망(危亡)하는 길이다.

관자는 목민(牧民)편에서 말했다. 「凡有地牧民者, 務在四時, 守在倉廩.」 우선 경제적 바탕을 번성 위에 놓아야 한다고 주장한 관자는 여기서도 묘한 논리 전개를 벌인 끝에 자기의 본 주장에 되돌아왔음에 깊은 음미(吟味)가 있어야 하겠다.

12.

장사꾼이 조정에 자리를 잡고 있으면 온갖 수단을 벌여 재물을 거둬들일 것이므로, 온 나라의 재물이 상위층인 위정계급에게로 흘러들게 마련이다. 천성으로 편벽한 성격을 타고난 아낙네가 사람 다스리는 일, 즉 정치에 말을 하게 되면 공평무사하지 못한 결과 상벌이 올바르지 못하게 된다. 남녀의 분별이 없으면 국민이 염치를 가리지 못하게 된다.

재물이 위로만 흐르고, 상벌이 올바르게 주어지지 못하고, 국민이 염치를 모르게끔 나라꼴을 만들어 놓고 일방적으로 백성들이 국가적 가난을 두려움 없이 극복해 주기를 원하거나 또는 병사들이 죽음으로써 충절을 다해 주기를 원한다는 것은 터무니없는 노릇이다.

조정에 있는 위정자들이 자숙하지 못하고, 귀천의 분별을 밝히지 못하고, 연장자와 연소자가 예절을 차리지 못하고, 용도의 한량(限量)을 깊이 살피지 못하고, 계층에 따른 복장의 구분이 되어 있지 못하고, 상하의 절도를 서로 넘나는 혼미(混迷)로운 마당에서 일방적으로 백성들만이 나라의 정령(政令)을 존중하고 준수해 주기를 바래 보았자 되지 않을 노릇이다.

윗사람은 사기모략(詐欺謀略)을 꾸미고 신하들은 간악과 기만을 일삼고 다투듯 가렴주구로서 백성들로부터 뺏기만 함으로써 그들을 일시적이고 고식적인 찰나주의에 빠뜨리고, 따라서 통치자를 몹시 원망하게 만들어 놓고, 일방적으로 밑에 있는 백성들 보고, 위에 있는 통치자에게 친근감을 가지라 하고 바라는 것도 터무니없는 짓이다.

국토를 지닌 주제에 기틀이 될 농업생산에 힘을 쓰지

않고, 임금으로 나라를 다스리는 주제에 백성들을 하나로 단결 화합시키지 못해 놓고 종묘사직이 위태롭지 않기를 바라는 것도 터무니없는 노릇이다.

商賈在朝, 則貨財上流. 婦言人事, 則賞罰不信. 男女無別, 則民無廉恥.

貨財上流, 賞罰不信, 民無廉恥, 而求百姓之安難, 兵士之死節, 不可得也.

朝廷不肅, 貴賤不明, 長幼不分, 度量不審, 衣服無等, 上下凌節, 而求百姓之尊主政令, 不可得也.

上好詐謀, 臣下閒欺, 賦斂競得, 使民倫壹, 則百姓疾怨, 而求下之親上, 不可得也.

有地不務本事, 君國不能壹民, 而求宗廟社稷之無危, 不可得也.

- 貨財上流(화재상류) : 〈조정(朝廷)에 장사꾼이 앉아 정치를 하게 되면, 갖은 수단이나 법을 꾸며 국민으로부터 재물을 거둬들일 것이다.〉 따라서 재물이 국민을 떠나 위로 흘러들게 마련이다.
- 婦言人事(부언인사) : 부인이 정치에 대하여 말을 하면.
- 安難(안난) : 간난(艱難)을 두려워하거나 피하지 않고 이를 극

복하다.

- 死節(사절) : 충절(忠節)을 위해 생명을 바친다. 죽음을 무릅쓰고 절개를 지키다.
- 朝廷不肅(조정불숙) : 肅의 원뜻은 움츠리다, 긴장하다. 조정, 즉 위정자들이 절약하고 예(禮)를 지켜 스스로의 몸가짐을 엄숙하게 하지 않으면.
- 上下凌節(상하능절) : 아래위가 서로 절도(節度)나 신분 계층을 넘나들고 흐리게 한다.
- 尊主政令(존주정령) : 정령을 잘 받들고 따르다. 尊은 무겁게 여기다(重). 主는 지키다(守).
- 臣下間欺(신하간기) : 신하가 간악(姦惡)하고 사기(詐欺)를 일삼는다. 원본에는 「上好詐謀間欺臣下賦斂競得」이라 있으나 교정(校正)에 따라 원문을 고쳤다.
- 偸壹(투일) : 본심에서 우러나오는 일치(一致)가 아니라 강압에 못 이겨 일시적으로 거짓으로 일치하는척한다. 壹은 일치, 한 덩어리가 되다.

*관자는 앞에서 「厚愛利, 足以親之.」라 했다. 즉 위정자가 국민을 사랑하고 높이고 그들을 인애로써 양육하고 훈도하고 국민의 이득을 앞세워 주면, 국민은 스스로 위정자에게 친근감을 갖고 위정자를 사랑하며, 나아가서는 몸을 바치어 국난(國難)을 막고 죽음으로써 충절을 다할 것이라 주장했다. 또한 목민편(牧民篇)에서는 「知予之爲取者, 政之寶也.」라, 즉 위정자로

서 백성에게 주는 것이 백성들로부터 취(取)하는 길임을 아는 것이 정치의 요결이라고도 했다. 백성으로부터 취한다는 것은 다름이 아니라 백성들이 행동으로 국가를 위해 봉사하는 것이다.

여기서 관자는 농업생산이라는 본사(本事)를 휩쓸 것과 아울러 터무니없는 위정자의 미망(迷妄)을 나열해 놓았다. 국민들에게 주지는 않고 그들로부터 얻기만을 바랬자 안될 말이라고 여러 가지 예를 들었다. 오늘날 정치에 있어서도 깨우쳐주는 바 크다 하겠다.

13.

윗사람이 거북점이나 시초점을 믿고 미신적인 무당의 병 치료를 즐겨 쓰게 되면 귀신의 화를 자주 입게 마련이다.

공을 이룩하지 못하고 이름을 나타내지 못하는 근원적인 화근이 셋이 있다. 즉 유아독존적으로 왕 노릇을 하는 경우와, 나라가 가난하여 남으로부터 천대를 받는 경우와, 정사를 복잡다단하게 엉클어뜨려 세월이 모자라도록 분망하게 몰리기만 하는 경우를 들 수 있다.

일 년을 위한 대비책으로는 곡식을 심는 것이 가장 좋고, 십 년을 위한 대비책으로는 나무를 심는 것이 가장

좋으며, 평생을 위한 대비책으로는 인간을 심어놓는 것보다 더 좋을 것이 없다.

곡식은 한 번 심고 한 번 거둬들이고, 나무는 한 번 심고 십 년을 두고 거둬들인다. 그러나 사람은 한 번 심으면 백 년을 거둬들이는 것이다.

일단 좋은 인재를 잘 키워서 이들을 활용하고 등용하면, 그 나라 정치는 마치 신(神)이 다스리듯 신묘하게 다스려질 것이다. 이렇듯 신의 조화같이 일을 성취하는 것이 바로 왕자가 따를 태도인 것이다.

上恃龜筮, 好用巫醫, 則鬼神驟祟.

故功之不立, 名之不章, 爲之患者三. 有獨王者, 有貧賤者, 有日不足者.

一年之計, 莫如樹穀. 十年之計, 莫如樹木. 終身之計, 莫如樹人.

一樹一穫者, 穀也. 一樹十穫者, 木也. 一樹百穫者, 人也.

我苟種之, 如神用之, 擧事如神, 唯王之門.

• 恃(시) : 믿는다. 의지한다.

• 龜筮(귀서) : 거북점과 시초점.

• 巫醫(무의) : 무당의 치유(治癒). 굿으로 병을 치유하는 짓.

• 驟祟(취수) : 자주 귀신의 화(禍)를 입는다. 즉 점쟁이나 무당 의사 같은 미신을 믿으면 화를 입는다는 뜻.

• 名之不章(명지부장) : 이름이 밝게 나타나지 않는다.

• 獨王(독왕) : 충신이나 현신을 등용해 쓰지 않고 혼자서 독재하는 왕.

• 日不足(일부족) : 정사(政事), 법령(法令)이 번잡하고 다단(多端)하여 항상 분망하게 쫓기고 몰림을 말한다. 시간적으로 무리한 정치를 하여 백성을 들볶아서는 안 된다.

• 樹(수) : 심다(植).

• 穫(획) : 거둬들인다.

* 정치는 어디까지나 현실적이고 합리적이고 인간적으로 이룩해야 한다. 점복이나 무당 같은 미신에 의존해서 귀신에 휘말려서는 안 된다. 유아독존적인 독재나 가난한 나라 살림이나 번잡에 엉키는 혼미 정치는 안 된다. 결국 백년지대계는 유능한 인재를 양성하고, 이들 엘리트들을 등용하고 국가정치에 참여시켜야 한다. 그때에는 신기한 빛, 정치적 기적이 절로 이룩될 것이다.

14.

국민을 목양(牧養)하듯 다스릴 임금은 온 국민의 남자들로 하여금 사악(邪惡)한 행동을 못하게 하여 국민의 여자들로 하여금 난잡한 짓을 못하게 해야 한다. 모든 남자들에게 사악한 행동을 못하게 하는 길은, 윗사람 자신이 사악하지 않게 솔선수범하여 그들이 방효(倣效)케 하는 교화(敎化)에 있고, 모든 여자들에게 난잡한 짓을 못하게 하는 길은, 윗사람 자신이 난잡하지 않게 솔선수범하여 그들을 이끌어 나가는 훈도(訓導)에 있다. 이렇게 교화와 훈도로써 사회의 기풍이나 국민의 속성이 돈독하게 잡히면 이어서 형벌이 감소될 것은 당연한 이치라 하겠다.

국민을 목양하듯 다스릴 임금은 전체 국민이 올바르기를 원한다. 전체 국민이 올바르기를 원하자면, 우선 임금 자신의 티끌만한 사악(邪惡)일지라도 이를 막지 않으면 안 된다. 티끌만한 사악은 바로 큰 사악이 일어나는 바탕이다. 임금 자신의 작은 악은 막지 않고 전 국민적인 대악(大惡)이 번져 나라를 다치게 하는 일이 없기를 바래 보았자 안될 노릇이다.

국민을 목양하듯 다스릴 임금은 전체 국민이 예(禮)를 지켜주기를 바란다. 전체 국민에게 예 지키기를 바라자면, 우선 자기 자신이 개인적인 작은 예절을 삼가 지키지 않으면 안 된다. 이러한 개인적인 작은 예를 나라에 대해 삼가 지키지 않고, 전체 국민들에게 국가에 대한 큰 예 지키기만을 요구해 보았자 안될 노릇이다.

국민들을 목양하듯 다스릴 임금은 전체 국민에게 정의를 지켜주기를 바란다. 전체 국민에게 정의를 지켜주기를 바라자면, 우선 자기 자신이 개인적으로 작은 정의를 실천하지 않으면 안 된다. 이러한 개인적인 작은 정의를 나라에 대해 실천하지 않고 전체 국민들에게만 국가에 대한 대의(大義)를 실천해 줄 것을 요구해 보았자 안될 노릇이다.

국민들을 목양하듯 다스릴 임금은 전체 국민에게 청렴(淸廉) 정직(正直)하기를 바란다. 전체 국민에게 청렴 정직하기를 바라자면, 우선 자기 자신이 개인적으로 작게나마 청렴 정직을 지니지 않으면 안 된다. 이러한 개인적인 작은 청렴 정직을 몸소 국가에 대해 지녀 보이지 않고 전체 국민에게 국가적인 규모로 큰 청렴 정직을 실천하라고 요구해 보았자 안될 노릇이다.

국민들을 목양하듯 다스릴 임금은 전체 국민에게 수치심 갖기를 바란다. 전체 국민에게 수치심 갖기를 바라자면, 우선 자기 자신이 개인적으로 자기 잘못에 창피를 아는 작은 수치심을 지니지 않으면 안 된다. 이러한 개인적인 작은 수치심을 국가에 대해 지녀 보이지 않고, 전체 국민에게만 국가적 차원의 수치심을 지니고 행동하라고 요구해 보았자 안될 노릇이다.

국민을 목민하듯 다스릴 임금은 국민들에게 개인적이나마 작은 예를 지키고, 작은 정의를 행하고, 작은 범위의 청렴 정직한 태도를 지니고, 작은 수치심을 진실로 느끼고 털끝만한 악행도 금하기를 바란다. 이것이 바로 국민들을 면려하는 바이다.

국민들이 개인적으로나마 작은 예를 지키고, 작은 정의를 행하고, 작은 청렴 정직을 지니고, 작은 수치를 느끼고 사소한 악도 안 저지르게 되는 것이, 바로 치도의 바탕이다.

凡牧民者, 使士無邪行, 女無淫事. 士無邪行, 教也. 女無淫事, 訓也. 教訓成俗, 而刑罰省數也.

凡牧民者, 欲民之正也. 欲民之正, 則微邪不可不禁也.

微邪者, 大邪之所生也. 微邪不禁, 而求大邪之無傷國, 不可得也.

凡牧民者, 欲民之有禮也. 欲民之有禮, 則小禮不可不謹也. 小禮不謹於國, 而求百姓之大禮, 不可得也.

凡牧民者, 欲民之有義也. 欲民之有義, 則小義不可不行.

小義不行於國, 而求百姓之行大義, 不可得也.

凡牧民者, 欲民之有廉也. 欲民之有廉, 則小廉不可不修也. 小廉不修於國, 而求百姓之行大廉, 不可得也.

凡牧民者, 欲民之有恥也. 欲民之有恥, 則小恥不可不飾也. 小恥不飾於國, 而求百姓之行大恥, 不可得也.

凡牧民者, 欲民之修小禮, 行小義, 飾小廉, 謹小恥, 禁微邪. 此厲民之道也.

民之修小禮, 行小義, 飾小廉, 謹小恥, 禁微邪, 治之本也.

- 教(교) : 본받다. 모방하다. 效(효)에 통한다.
- 訓(훈) : 가르치다. 誨(회)에 통한다.
- 數(수) : 도리(道理), 방법, 이법(理法).

• 小禮(소례) : 작은 예절. 소절(小節). 일상생활에 지켜야 할 예절, 절도.

* 정치의 요결은 윗사람이 솔선수범(率先垂範)하여 국민들의 속성(俗性)이나 사회의 기풍을 돈독(敦篤)하게 하고, 나아가서는 그들이 스스로 예의염치(禮義廉恥)를 실천하게끔 교화 훈도하는 것이다. 그렇게 되면 자연히 형벌도 줄어들게 마련이다. 결국 위정자는 국민에게 원하는 바를 자기가 먼저 행하라. 그러면 전체 국민이 국가적인 차원에서 큰일을 원하는 대로 실천할 것이다.

15.

백성을 목양하듯 다스릴 임금은 백성을 잘 부릴 수 있기를 바란다. 백성을 잘 부리고자 하면 법을 소상히 다스리지 않으면 안 된다.

법은 조정의 기강을 세워주는 것이다. 조정의 기강을 세우기 위해서는 작위나 관복을 귀중하게 다루지 않으면 안 된다. 작위나 관복을 옳지 못한 자에게 내려주면 국민들은 작위나 관복을 천하게 본다. 백성들이 작위나 관복을 천시하게 되면 임금이 존경을 받지 못한다. 임금이 존경을 받지 못하면 영을 내려도 시행되지 않는다.

법은 국민의 역량을 활용하자는 것이다. 국민의 역량을 활용코자 하려면 봉록과 포상을 중하게 다루어야 한다. 봉록과 포상을 하등의 공적도 없는 자에게 내리면 국민들이 봉록과 포상을 가볍게 여긴다. 국민들이 봉록과 포상을 가볍게 여기면 윗사람이 국민들에게 공을 세우라고 권장할 도리가 없게 된다. 윗사람이 국민들에게 권장하지 못하면 국가의 영이 시행되지 않는다.

법은 국민 중의 능력 있는 사람을 등용하자는 것이다. 유능한 인재를 등용코자 하려면 벼슬자리를 내림에 신중하지 않으면 안 된다. 벼슬자리를 내리는 것을 신중하게 처리하지 않으면 국민들이 나라 정치를 멀리하게 된다. 국민들이 나라 정치에 사이를 두게 되면 그들의 도리가 위에 통하지 않게 된다. 국민들의 도리가 위에 통하지 않게 되면 아랫사람들이 윗사람을 원망하게 된다. 아래가 위를 원망하게 되면 영이 시행되지 않는다.

법은 인민의 생사 운명을 다루는 것이다. 인민의 생사 운명을 다루는 것이니만큼 형벌을 엄격하게 가리지 않으면 안 된다. 형벌을 엄격하게 가리지 않으면 형벌을 피하는 자가 있게 마련이다. 형벌을 피하게 되면 무고한 사람을 죽이고 죄있는 자를 사하게 된다. 무고한 사람을 죽이고 죄있는 자를 사한다면, 그 나라에 역적 신하가 나타나는 것을 막지 못하게 된다.

따라서 작위나 관복이 천시되고, 봉록이나 포상이 경멸되고 국민이 정치를 멀리하고 역적 신하가 화난을 불러일으키게 되면, 이는 바로 국가 패망의 징조라 하겠다.

凡牧民者, 欲民之可御也. 欲民之可御, 則法不可不審.

法者, 將立朝廷者也. 將立朝廷者, 則爵服不可不貴也.

爵服加于不義, 則民賤其爵服. 民賤其爵服, 則人主不尊. 人主不尊, 則令不行矣.

法者, 將用民力者也. 將用民力者, 則祿賞不可不重也.

祿賞加于無功, 則民輕其祿賞, 民輕其祿賞, 則上無以勸民, 上無以勸民, 則令不行矣.

法者, 將用民能者也. 將用民能者, 則授官不可不審也.

授官不審, 則民閒其治. 民閒其治, 則理不上通.

理不上通, 則下怨其上, 下怨其上, 則令不行矣.

法者, 將用民之死命者也. 用民之死命者, 則刑罰不可不審. 刑罰不審, 則有辟就. 有辟就, 則殺不辜, 而赦有罪. 殺不辜而赦有罪, 則國不免於賊臣矣.

故夫爵服賤, 祿賞輕, 民閒其治, 賊臣首難, 此謂敗國之敎也.

- 將(장) : 마땅히(當), 즉(乃).
- 立朝廷(입조정) : 조정의 권위나 기강을 세우다.
- 爵服(작복) : 작위(爵位)와 그를 나타내는 관복(官服).
- 辟就(피취) : 辟는 避. 친근한 자에게는 형벌의 적용을 피하고, 소원한 자에게는 형벌을 가한다.
- 不辜(불고) : 辜는 허물, 죄. 무고한 사람.
- 首難(수난) : 首는 수창(首唱). 화난(禍難)을 불러일으키다.

*목민하듯 정치를 잘하려면, 바로 국민을 잘 통솔하고 국민의 능력을 활용해야 한다. 국민을 잘 통솔하고 민력을 활용하는 바탕은 법을 가지고 세워야 한다.

우선 법은 조정의 기강과 권위를 세우는 것이다. 국가 정부의 권위와 체계를 세우는 것이다. 따라서 조정에서 정치를 담당하는 상하의 작위나 관복을 귀중히 여기고, 그 작위나 관복에 어울리는 유능하고 유덕한 사람에게 자리나 관복을 빌려주어야 한다. 그렇지 못하고 터무니없는 자에게 마구 작위나 관복을 내리면, 그 값이나 권위가 떨어지고 국민들도 우습게 보고, 따라서 임금 자신도 존중하지 않게 되어 결국 국가의 영이 시행되지 않는다.

다음으로 법을 잘 세워 국민의 능력을 활용하기 위해 공을 세운 사람에게는 봉록과 포상을 무게 있게 내려야 한다. 그래야 국민들에게 착하고 국가를 위한 공을 세우라고 권장할 수가 있다. 또한 법을 잘 밝혀 능력 있는 자를 등용해 쓰고, 그에게 벼슬을 내려야 한다. 그래야 국민이 정치를 신임한다. 관리 등용이 엉터리로 이루어지면, 국민은 국가 정치를 외면하고 멀리하게 되며 결과적으로 국민과 정부가 단절되고 만다. 더욱 중요한 것은 법은 인민의 생사나 운명을 좌우하는 것이니, 형벌을 엄격히 다루어야 한다. 죄있는 자를 놔주고 죄 없는 자를 죽인다면, 결국 그 나라에는 역적들만이 살아남고 들끓게 될 것이다.

이상의 법 운명을 그르치면 국가는 망하고 만다. 지위 신분 계층을 무게 있게 지켜야 한다. 국민의 능력과 공적에 따라 봉록과 포상을 내려라. 유능하고 덕 있는 자를 공무원으로 앉혀라. 형벌을 엄하게 다스려라. 오늘의 국가에서도 같다.

제4편 입정立政 경언經言 4

국가 정치는 위정자(僞政者), 통치자(統治者)의 정신과 기술에 달려 있다. 관자는 입정편(立政篇)에서 기본정신을 살리는 행정직 처리 방안을 여러 각도에서 제법 구체적으로 논하고 있다.

전편을 관자는 삼본(三本), 사고(四固), 오사(五事), 수헌(首憲), 수사(首事), 성관(省官), 복제(服制), 구패(九敗), 칠관(七觀)으로 나누어서 논했다.

삼본(三本)은 국가의 통치권 확립을 위한 공정한 인사처리(人事處理)를 논한 것이다. 단, 삼본의 첫머리에는 국가의 통치, 안정, 부강책을 논한 삼본, 사고(四固), 오사(五事)의 셋을 합친 서설(序說)격인 짧은 글이 있다.

사고(四固)는 사무(四務)라고도 한다. 재상(宰相)의 휴머니티, 정치에 참여하는 사람들의 인화(人和), 공평무사한 국가 권력의 집행, 민생의 안정 등을 강조하고 있다.

오사(五事)에서는 치산(治山), 치수(治水), 농업, 축산, 공산품 등의 진흥책을 논했다.

수헌(首憲)에서는 헌령(憲令) 반포(頒布)의 절차와 지방행정을 논했다.

수사(首事)는 국가의 시정을 국민에게 미리 주지(周知)시킴으로써 공명 정치를 기하고 아울러 일체감을 얻어야 함을 강조한 것이다.

성관(省官)은 행정감찰(行政監察)을 논한 것이다.

복제(服制)는 의복, 장신구 및 수레 등에 대한 규제를 논한 것이다.

구패(九敗)는 국가패망(國家敗亡)의 독소조항(毒素條項) 9항을 들었다.

칠관(七觀)은 국민에 대한 교화(敎化)에 관한 항목이다.

- 不朽의 眞理 -

君之所審者三. 一曰, 德不當其位. 二曰, 功不當其祿. 三曰, 能不當其官. 此三本者, 治亂之原也. (4~1)

臨事不信於民者, 則不可使任大官. (4~1)

寧過於君子, 而毋失於小人. 過於君子, 其爲怨淺, 失於小人, 其爲禍深. (4~1)

大德不至仁, 不可以授國柄. (4~2)

見賢不能讓, 不可與尊位. (4~2)

罰避親貴, 不可使主兵. (4~2)

寢兵之說勝, 則險阻不守. (4~8)

金玉貨財之說勝, 則爵服不流. (4~8)

觀樂玩好之說勝, 則姦民在上位. (4~8)

請謁任擧之說勝, 則繩墨不正. (4~8)

始於不足見, 終於不可及, 一人服之, 萬人從之, 訓之所期也. (4~8)

令則行, 禁則止, 憲之所及, 俗之所被, 如百體之從心, 政之所期也. (4~8)

1. 삼본(三本)

국가의 통치, 안정, 부강책을 논하기 위하여 관자는 삼본(三本), 사고(四固), 오사(五事)를 항목별로 논했다. 삼본은 국가의 통치권 확립을 논한 것으로, 한마디로 적절하고 공정한 인사처리(人事處理)라 하겠다. 단, 이 삼본의 단절(段節) 속에는 제4편, 즉 입정편(立政篇)의 전체 서론격으로 삼본, 사고, 오사의 중요성을 지적한 짧은 말이 앞에 씌어있다.

1.

나라가 잘 다스려지느냐, 반대로 흩어지느냐 하는 것을 가름해 주는 바탕이 세 가지 있다. 이 삼본(三本)을 지키지 못하면, 아무리 형벌이나 살육으로 백성을 억눌러

도 나라를 다스릴 수 없게 된다.

나라가 안정되느냐, 또는 위태롭게 되느냐 하는 것을 가름해 주는 바탕이 네 가지 있다. 이 사고(四固)를 지키지 못하고 성곽이나 험조한 요새만으로 나라를 지키려 해도 안 된다.

나라를 부하게 만드느냐, 또는 가난하게 만드느냐 하는 것을 가름하는 바탕이 다섯 가지 있다. 이 오사(五事)를 지키지 못하면, 아무리 조세를 가볍게 하고 백성으로부터 거두어들이는 것을 적게 한다 해도 나라를 부하게 하기에는 부족하다.

이렇듯 나라를 잘 다스리는 바탕으로는 삼본(三本)이 있고, 나라를 안정시키는 데는 사고(四固)가 있고, 또한 나라를 부하게 만드는 데는 오사(五事)가 있다. 오사는 다섯 가지 줄기, 즉 오경(五經)이기도 하다.

國之所以治亂者三, 殺戮刑罰, 不足用也.

國之所以安危者四, 城郭險阻, 不足守也.

國之所以富貧者五, 輕稅租, 薄賦斂, 不足恃也.

治國有三本, 而安國有四固, 而富國有五事. 五事五經也.

- 國之所以治亂者(국지소이치란자) : 나라가 다스려지느냐 흩어지느냐 하는 기본이 되는 것. 所以는 다음의 治·亂을 명사화시키며 아울러 원인, 바탕의 뜻까지 겹쳤다. 직역하면 「治나 亂하게 되는 바 원인 또는 바탕」.
- 三(삼) : 바탕이 되는 세 가지. 다음에 나오는 삼본(三本).
- 殺戮(살육) : 죽이다. 戮도 죽이다.
- 四(사) : 다음에 나오는 사고(四固).
- 城郭險阻(성곽험조) : 성곽이나 험난한 요새나 지세(地勢). 郭은 廓(곽). 외성.
- 五(오) : 다음에 나오는 오사(五事).
- 稅租(세조) : 조세.
- 賦斂(부렴) : 賦는 부과, 세금을 부과하다. 斂은 거두어들이다.
- 恃(시) : 믿다, 의지하다.
- 經(경) : 줄기가 되는 기본 대법(大法).

*국가의 통치권 확립을 위해서는 삼본(三本)을, 국가의 안정을 위해서는 사고(四固)를, 국가의 부강(富强)을 위해서는 오사(五事)를 제시했다. 이들 모두가 다음에서 보듯 인간과 인력의 활용이자 생산성 향상을 위한 요결들이다. 인력개발 생산진흥을 무시하고 덮어놓고 협박적인 엄벌이나 알맹이 없는 무력이나 증산(增產) 아닌 감세(減稅)만으로는 치국(治國), 안정(安定), 부국(富國)을 이룩할 수가 없다는 뜻이다.

2.

신화를 부리는 임금이 명석하게 살펴야 할 기본 사항이 세 가지 있다.

1. 신하의 덕이 그의 자리를 감당 못할 만한 것이 아닌가?

2. 신하의 공적이 그가 받는 녹의 값어치도 안 되는 것이 아닌가?

3. 신하의 능력이 그의 관직을 감당할 수 없는 것은 아닌가?

이 세 가지의 기본 사항은 나라를 잘 다스리느냐, 반대로 나라를 흩어지게 하느냐 하는 바탕이다.

결국 국가적인 견지에서 덕성이나 정의(正義)가 행동으로써 뚜렷하게 조정에까지 알려지지 않은 신하는 존귀한 자리에 앉혀서는 안 되며, 공적이 국가적으로 나타나 보이지 않은 신하에게는 많은 국록을 주어서는 안 되며, 일을 맡아가지고 처리한 결과 백성들에게 신망을 얻지 못하는 신하에게는 큰 벼슬을 내려서는 안 된다.

덕이 두터운 신하를 얕은 자리에 두었다면, 이는 임금의 무의식적인 잘못이라 하겠으나, 덕이 얄팍한 자를 높은 자리에 올린다면, 이는 임금이 직접적인 책임을 져야 할 실책이라 하겠다. 하기는 덕이 두터운 군자를 모르고 얕은 자리에 두는 과실을 할망정 절대로 덕 없는 소인을 높은 자리에 등용하는 실책을 저질러서는 안 된다. 군자를 몰라본 과실은 군자가 가볍게 원망함으로써 끝나겠지만, 소인을 잘못 쓴 실책은 그 화가 대단히 깊이 박히게 된다.

君之所審者三. 一曰, 德不當其位. 二曰, 功不當其祿. 三曰, 能不當其官. 此三本者, 治亂之原也.

故國有德義未明於朝者, 則不可加于尊位, 功力未見于國者, 則不可授以重祿, 臨事不信於民者, 則不可使任大官.

故德厚而位卑者, 謂之過. 德薄而位尊者, 謂之失. 寧過於君子, 而毋失於小人. 過於君子, 其爲怨淺, 失於小人, 其爲禍深.

• 所審者(소심자) : 명석하게 살피어 신중하게 처리해야 할 일.
• 德不當其位(덕부당기위) : 덕이 자리에 맞지 않는다. 덕 없는 자가 높은 자리를 차지하거나, 덕 있는 자가 자리를 못 차지하는 일이 없어야 한다. 권수편(權修篇)에서는 「능력을 살피어 관직을 내리라(察能授官).」 또는 작복(爵服)이나 녹상(祿

賞)을 귀중히 여기라고 말한 바 있다.

- 過(과) : 과실, 잘못. 다음에 있는 失과 대조적으로 무의식적인 과실. 過는 고의(故意)가 아닌 잘못, 무심코 저지른 실수. 「無心之失, 謂之過」(字彙).
- 失(실) : 앞에 있는 過와 대조적으로 자기가 저지른 잘못은 의식적인 과실, 직접 책임을 져야 할 범죄로 풀 수 있다.
- 寧(녕) : 「차라리 ~할망정」.
- 毋(무) : 「~하지 마라」.

3.

그런고로 덕성이나 정의가 행동으로 뚜렷하게 조정에 나타나지 않았는데, 높은 자리를 차지하고 있는 자가 있게 되면, 진짜로 훌륭하고 착한 신하가 영진할 길이 막히고 말 것이며, 또한 국가에 대한 공적이나 봉사가 두드러지게 나타나지도 않았는데, 많은 국록을 받는 자가 있게 되면, 진짜로 공로를 세울 만한 신하가 적극적으로 노력할 여지가 없게 되고, 또한 일을 맡아가지고 처리함에 있어 백성들에게 신망을 얻지 못했는데도, 그 자를 높은 벼슬에 올리면, 진짜로 재능 있는 신하가 자기의 재능을 활용할 길이 막히게 된다.

이 세 가지 바탕을 잘 살피어 처리하면, 밑의 사람들이 함부로 나서서 야욕을 채우려 들지 못할 것이다. 반대로 세 가지 바탕을 소홀히 하면 사악한 신하들이 위에 통하고, 사악한 측근자들이 마구 위세를 부리게 될 것이다. 이렇게 되면, 임금 자신의 눈이 멀어 명석하게 내다볼 길이 막히고 동시에 백성들에게도 바른 정치의 길이 막히게 되며, 올바른 도리가 버림을 받고 사악한 일만이 날로 성하게 될 것이다. 세 가지 바탕을 잘 살피고 지키면 사악한 측근자가 국사에 있어 위세를 떨치는 일도 없고, 따라서 길가에는 잡혀서 호송되는 죄수도 없을 것이며, 또한 먼 곳에 소원된 일반 백성들도 억울한 재판으로 무고한 죄를 받는 일이 없을 것이며, 또한 고아나 과부같이 의지할 바 없는 외로운 백성들도 암흑 재판에 걸려 엉뚱한 죄에 시달릴 일도 없게 될 것이다.

결국 형벌이 없어지고 정사가 줄고 또한 투명해지므로 조정도 한가로워 많은 사람이 들끓지 않아도 되는 것이다.

是故有德義未明於朝, 而處尊位者, 則良臣不進. 有功力未見於國, 而有重祿者, 則勞臣不勸. 有臨事不信於民, 而任大官者, 則材臣不用.

三本者審, 則下不敢求, 三本者不審, 則邪臣上通, 而便辟制威. 如此則明塞於上, 而治雍於下, 正道捐棄, 而邪事日長. 三本者審, 則便辟無威於國, 道塗無行禽, 疏遠無蔽獄, 孤寡無隱治.

故曰, 刑省治寡, 朝不合衆.

- 良臣不進(양신부진) : 좋은 신하의 영진(榮進)의 길이 막히게 된다는 뜻. 良臣은 덕 있고 선량한 신하.
- 勞臣不勤(노신불근) : 공로(功勞)를 세울 수 있는 신하가 노력하고 면려할 의욕이나 또는 길을 갖지 못하게 된다.
- 材臣不用(재신불용) : 재능 있는 신하도 자기의 재능을 활용할 길이 없게 된다.
- 便辟(편벽) : 여러 가지 뜻이 있다. 즉 겉으로는 점잖으나 속마음이 사악(邪惡)하다, 또는 남에게 아첨한다, 또는 辟을 嬖(폐)로 보고 측근에서 윗사람의 총애를 받는 자. 여기서는 사악한 측근자 정도로 풀면 되겠다.
- 制威(제위) : 위세를 부린다.
- 明塞於上(명색어상) : 명(明)이 위에게 막힌다 함은 윗사람, 즉 임금이 사악한 측근에게 미혹(迷惑)되어 총명하게 보지 못한다는 뜻.
- 治雍於下(치옹어하) : 치(治)가 밑에서 막히다. 雍은 蔽(폐), 즉 백성들에게 올바른 정치가 미치지 못한다.
- 捐棄(연기) : 버리다. 捐도 버리다.

• 日長(일장) : 날로 자라나다. 더욱 심해지다.
• 道塗(도도) : 길, 길바닥, 길거리. 塗는 途(도).
• 行禽(행금) : 禽은 擒(리)에 통하며, 사로잡히다의 뜻. 잡혀서 끌려가는 죄수를 가리킨다.
• 疏遠(소원) : 윗사람으로부터 소원되어 있는 사람이라 할지라도.
• 蔽獄(폐옥) : 본인의 진술이나 사정을 듣지는 않고 부당하게 판결을 내려 벌을 주는 일.
• 孤寡(고과) : 맹자(孟子)는 鰥(환 · 홀아비), 寡(과 · 과부), 孤(고 · 고아), 獨(독 · 자식 없는 늙은이)을 궁민(窮民)이라 했다. 여기서도 궁민의 뜻으로 孤 · 寡를 들었다.
• 隱治(은치) : 뒤로 은밀하게 처리된 불공평한 재판. 암흑 재판.

* 삼본(三本)은 결국 공정한 인사 처리를 강조한 것이라 하겠다. 국가 통치의 기본 요결은 적절한 인재등용(人材登用)과 능력 활용이다. 유능유덕(有能有德)한 군자를 밑에 깔아두고 무능무덕(無能無德)한 소인을 높이 내세우면 나라는 망하고 만다. 나라에서 내리는 벼슬, 국록, 작위는 반드시 그에 어울리는 덕행, 공적, 능력에 정비례해야 한다. 그래야 가치관이 확립되고 사회정의가 바로잡히게 된다. 그러나 설사 임금이 인사 처리에 있어 실수를 한다 하더라도 절대로 무능 무덕한 소인을 높은 자리에 올리는 일이 있어서는 안 되겠다고 관자는 거듭 강조하고

있다. 군자에 대한 예우(禮遇)를 혹 못했다 해도 원래가 군자라 그는 가볍게 원망하고 만다. 국가 사회의 혼란을 야기시키지는 않는다. 그러나 소인을 잘못하여 높은 자리에 올려놓고 권력을 주는 날에는 결국 국가를 화란 속에 빠뜨리고 말 것이다.

한편 터무니없는 인사 처리는 양신(良臣), 노신(勞臣), 재신(材臣), 즉 참으로 선량하고 공로를 세울 수 있고, 유능유재(有能有才)한 신하의 의욕이나 진로나 활동을 막는 꼴이 된다. 뿐만 아니라 사악한 자가 측근에서 악덕한 위세를 마구 부릴 때, 그 나라의 정치는 엉망이 된다. 암흑 정치, 흑막 재판으로 국민이 무고하게 옥살이를 하고 희생될 것이다.

2. 사고(四固)

사고는 국가를 굳게 다지고 안정시키는 네 가지의 긴요한 사항이다. 따라서 사무(四務)라고도 했다.

1.

임금이 신중하게 다루어야 할 일이 네 가지 있다.

1) 큰 덕행이 있다 해도 인(仁 · 휴머니즘)에 이르지 못한 신하에게는 국가의 통치권을 맡겨서는 안 된다.

2) 자기보다 슬기로운 사람을 보고도 양보할 줄 모르는 자에게는 높은 자리를 주어서는 안 된다.

3) 형벌을 공평하게 내리지 못하고 측근자나 고관에게 형벌 내리기를 피하는 자에게는 군사권 행사를 시켜서는 안 된다.

4) 국가 산업의 바탕이 되는 농업을 장려하지도 않고, 또한 농경생산을 진작시키고자 애도 쓰지 않으면서 도리어 경솔한 세금부과나 징수로 백성들을 괴롭히는 자에게는 도시나 읍의 행정을 맡겨서는 안 된다.

이상의 네 가지 긴요사항은 국가를 안태롭게 하느냐, 또는 위태롭게 하느냐를 가름하는 바탕이다.

결국 재상이 백성의 지지나 민심을 얻지 못하면 나라가 위태롭게 되며, 대신들이 친화 협동하지 않으면 나라가 위태롭게 되며, 군사를 통수하는 자의 위신이 부족하면 나라가 위태롭게 되며, 백성들이 저마다 생산에 애착을 느끼지 않으면 나라가 위태롭게 된다.

따라서 큰 덕행이 인(휴머니즘)에 미치면 나라를 통치함에 있어 백성의 지지나 민심을 얻을 것이고, 슬기로운 자를 보고 양보할 줄 알면 대신들이 화친 협동할 것이고,

형벌을 내림에 측근이나 고귀한 자를 피하지 않으면 위신이나 권위가 이웃인 적국에까지 서게 될 것이고, 농사를 애호하고 농경 생산을 진작시키고, 또한 세금의 부과 수렴을 신중히 하면 백성들이 저마다 산업에 애착을 느끼고 애쓰게 될 것이다.

君之所愼者四. 一曰, 大德不至仁, 不可以授國柄. 二曰, 見賢不能讓, 不可與尊位. 三曰, 罰避親貴, 不可使主兵. 四曰, 不好本事, 不務地利, 而輕賦斂, 不可與都邑. 此四務者, 安危之本也.

故曰, 卿相不得衆, 國之危也. 大臣不和同, 國之危也. 兵主不足畏, 國之危也. 民不懷其產, 國之危也.

故大德至仁, 則操國得衆. 見賢能讓, 則大臣和同. 罰不避親貴, 則威行於隣敵. 好本事, 務地利, 重賦斂, 則民懷其產.

- 所愼者(소신자) : 신중하게 지켜야 할 일.
- 國柄(국병) : 국권(國權). 柄은 본(本), 권세(權勢).
- 見賢不能讓(견현불능양) : 어진 사람을 보고 양보할 줄 모른다. 맹자(孟子)는 「사양하는 마음이 예의 바탕이다.(辭讓之

心, 禮之端也.)」라고 했다.

- 不可與(불가여) : 주어서는 안 된다.
- 罰避親貴(벌피친귀) : 벌을 내림에 있어 친근한 자나 존귀한 자를 피한다. 즉 형법 집행을 공정하게 하지 못하고 측근자나 고관에게는 벌을 내리지 못한다.
- 不可使主兵(불가사주병) : 主兵은 병권(兵權)이나 군사권(軍事權)을 장악하다. 즉 군사권의 행사를 허락해서는 안 된다. 兵은 좁게는 병권, 군사권이지만 넓게는 사법권, 경찰권까지 포함한 뜻이다.
- 不好本事, 不務地利(불호본사, 불무지리) : 本事는 농업, 地利는 농경으로 얻어지는 이득. 전체를 묶어 「농업 생산을 장려하고 진작(振作)하지 않는다.」로 풀 수 있다.
- 輕賦斂(경부렴) : 賦는 부과, 斂은 징수. 세금 정책을 경솔히 다루다.
- 不可與都邑(불가여도읍) : 도시나 고을을 맡겨 다스리게 하면 안 된다.
- 卿相不得衆(경상부득중) : 재상(宰相)이 국민 대중의 지지를 얻지 못한다, 또는 민심을 얻지 못하다.
- 兵主不足畏(병주부족외) : 군대를 통수하고 있으면서 권위나 위신이 부족하다.
- 民不懷其産(민불회기산) : 인민이 저마다 생산에 힘을 쓰지 않는다.
- 操國(조국) : 국권을 잡고 다스리다.

* 사고(四固)를 다음과 같이 추릴 수 있다.

1. 국가의 통치를 한 손에 쥐고 처리할 재상(宰相)은 「큰 덕행(大德)」만으로는 부족하다. 그의 덕행이 인(仁·동양적 휴머니즘)의 경지에까지 이르러야 한다. 그래야 국민의 지지와 민심을 얻는다.(인에 대하여는 뒤에 보충하겠다.)

2. 높은 자리를 차지하고 국가 정치에 참여할 대신(大臣)들은서로 화친(和親)하고 협동해야 한다. 화동(和同)의 바탕은 자기보다 슬기로운 자를 보고 양보할 줄 아는 예(禮)에 있다. 즉 예를 못 지키는 자를 대신으로 앉혀서는 안 된다.

3. 국가의 존엄(尊嚴)이나 위세(威勢) 내지는 국가 질서를 유지하는 국법(國法)의 위신(威信)을 지킬 군사권(軍事權)이나 사법권(司法權)을 통수하고 행사할 이른바 「힘과 법」의 집행자는 절대로 공평무사(公平無私)할 줄 알아야 한다. 친소(親疏)나 귀천(貴賤)에 따라 힘이나 법에 집행, 행사에 차등이 있어서는 안 된다. 더욱이 측근자나 고관들이라고 해서 죄를 졌는데도 형벌을 내리지 못해서는 「힘과 법」의 권위가 무너진다. 「힘과 법」을 공평무사하게 집행, 행사하면 이웃에 있는 적국도 두려워하기 마련이다.

4. 지방의 행정을 맡는 자는 모름지기 국민들에게 국가 산업의 바탕인 농업과 농경생산을 장려 진작케 하여 우선 생산성을 높여야 한다. 그리고 세금 행정을 신중히 하여 국민들의 생

산의욕을 돋구고 각자 생업(生業)에 대한 만족감과 애착심을 불러일으켜야 한다. 즉 국민이 부(富)해야 국가가 부한다는 것을 실증해야 한다. 그렇지 못하면 국민과 더불어 국가가 파탄한다.

이상의 사고, 사무는 ① 국가 통치의 최고 책임자인 재상이 인덕(仁德)을 갖출 것, ② 국정 참여의 최고 서열자인 대신들이 예를 지켜 화동할 것, ③ 국가 위신과 권위 행사는 공평무사하게 할 것, ④ 국가 생산의 바탕인 농업을 진작하고, 아울러 세금 행정을 신중히 하여 국민의 생산 의욕을 높일 것을 강조한 것이다.

이상의 사고, 사무는 오늘의 국가 정치에도 생생하게 활용되어야 할 참된 가르침이자 주장이다. 특히 ①은 명심해야 한다. 오늘의 정치는 잘못하다가는 행정적 기술에 흐르기 쉽다. 따라서 통치계급이나 정치 참여의 고위층이 자신의 인격, 덕성, 정신의 높이를 찾기에 앞서 권모술수를 더 찾는 잘못을 저지를 우려가 많다. 이는 패권(霸權)의 행사를 주로 하는 패도(霸道)의 통치에 불과하다. 참다운 다스림은 만민(萬民)의 민심과 지지를 얻고 백성을 훈도 감화하며 만민을 행복과 이상으로 끌어올리는 것이다. 이를 옛날에는 덕치(德治), 예치(禮治)라고도 했다. 백성을 다스리는 자는 모름지기 하늘(天)의 진리(眞理)와 최고선(最高善)을 구현하고자 진력해야 한다. 이러한 덕치를 위해 자기를 수양하고 만민을 고루 사랑하고 올바른 정치를 위해 진력하고 실천적으로 행동하는 자를 인자(仁者·휴머니스트)라 한다. 오늘의 정치인도 기술자나 권모술책의 농간자가 되어서는 안 된다. 인자로서 진심에서 우러나오는 민심을 얻어야 한다. 참다운 국민과 위정자의 일체감은 하나의 진리, 최고의 선이란 목표와 이상의 구현은 다 같이 희생적이고도 실천적으로 나갈 때 얻어지는 것이다.

5. ③에 대해서는 더 부연하지 않아도 좋을 줄 안다. ④에 대하여도 오늘의 정치가 좀 더 깊이 느끼고 배워야 할 가르침이라 하겠다. 특히 민주정치의 핵심은 국민을 잘 살게 하고 국민의 생산의욕을 높임으로써, 국가는 스스로 살찌고 부강해진다는 것을 새삼 다짐하고 싶다. 관자 시대와 오늘과의 생산적 바탕은 틀리나 생산과 국민, 국가의 부강과의 인과(因果)적 원리 원칙에는 상통하는 바가 많다.

「인(仁)은 공자(孔子)의 중심 사상이다. 공자에게 있어 인은 그의 정치의식의 결정이자 정치 이상의 구상(具象)이다. 공자의 실천적인 정치관은 「내가 개인으로서 수양하여 덕을 닦고 나서 온 세상의 백성을 안락하게 다스린다.(修己以安百姓.)」로 종결지을 수 있다. 즉 이것이 인의 구현이다. 「인은 남을 사랑하다.(仁, 愛人也.)」라고도 했다. 「즉 인은 인류애(人類愛)이자, 이를 정치적으로 구현하자는 것이다. 따라서 이는 휴머니즘(Humanism)이다. 그러나 동양의 인·인류애의 시발점은 기독

교의 인인애(隣人愛)와 다르다. 동양의 인은 육친애(肉親愛)에 바탕을 두고 있다. 아버지의 사랑에 감응하여 자식이 아버지에게 사랑으로 보답하는 것이 효(孝)다. 또한 같은 혈육을 나눠 가진 형제들이 서로 친애하는 것이 제(悌)다. 「효와 제가 인을 이룩하는 바탕이다.(孝悌也者, 爲仁之本歟.)」라고 논어(論語)에 있듯이 인과 인류애는 육친애에서 출발한다. 육친애는 인간의 사랑 중에서 가장 순수하고 본성적(本姓的)인 것이다. 이 육친애를 뻗어 발전시켜 전 인류애로 승화(昇華)시키고, 그 인류애를 구현시켜 「전 세계의 평화, 전 인류의 안락(平天下, 安百姓)」을 이룩하자는 것이 공자의 인의 정신이다. 따라서 나는 「인을 동양적 휴머니즘」이라 부르고 싶다.

3. 오사(五事)

1. 산림녹화(山林綠化), 2. 관개(灌漑)와 치수(治水), 3. 농업 생산의 진흥, 4. 가축 사육과 청과류 재배의 장려, 5. 건축, 기물 및 의복 등의 실용화를 주장하고 있다. 이들에 대한 성패는 국가 재정의 부(富)와 빈(貧)을 가름한다.

1.

임금으로서 힘써야 할 일이 다섯 가지가 있다.

1) 산림이나 숲에 대한 방화책(防火策)을 강구하지 않거나 또한 초목을 심어 키우지를 않으면 나라가 가난하게 마련이다.

2) 관개수로인 물도랑의 막힌 곳을 뚫지 않거나, 또는 제방의 물이 넘쳐 범람하고 홍수가 나지 않도록 안전책을 강구하지 못하면 나라가 가난하게 마련이다.

3) 들에 뽕이나 삼을 심지 않거나, 또는 땅에 맞게 적절히 오곡을 경작하지 않으면 나라가 가난하게 마련이다.

4) 집에서 가축을 키우지 않거나 오이, 호박, 고명풀, 채소, 여러 과실을 고루 다 갖추어 생산하지 않으면 나라가 가난하게 마련이다.

5) 건축이나 기물에 야단스럽게 조각이나 장식을 덧붙이거나, 또는 여자들이 만드는 직물과 옷에 번거롭도록 화려한 문채를 붙여 사치에 흐르면 나라가 가난하게 마련이다. 결국 산림과 숲에 대한 방화책을 강구하고 초목을 번식 성장시키면 나라는 부하게 마련이며, 도랑의 막힌 곳을 뚫어 관개를 잘하고 아울러 하천의 제방을 튼튼

히 하여 치수에 안전을 기하면 나라는 부하게 마련이며, 뽕이나 삼을 들에 번식시키고 땅을 가려 적합하게 오곡을 경작해 농작물을 생산하면 나라는 부하게 마련이며, 집집마다 가축을 사육하고 야채나 과실들을 고루 거두면 나라가 부하게 마련이며, 건축이나 기물에 쓸데없는 조각이나 장식을 하지 않고, 또한 여자들이 만드는 직물이나 옷에 사치스런 문채를 없애면 나라가 부하게 마련이다.

君之所務者五. 一曰, 山澤不救於火, 草木不殖成, 國之貧也. 二曰, 溝瀆不遂於隘, 鄣水不安其藏, 國之貧也. 三曰, 桑麻不殖於野, 五穀不宜其地, 國之貧也. 四曰, 六畜不育於家, 瓜瓠, 葷菜, 百果, 不備具, 國之貧也. 五曰, 工工事競於刻鏤, 女事繁於文章, 國之貧也.

故曰, 山澤救於火, 草木殖成, 國之富也. 溝瀆遂於隘, 障水安其藏, 國之富也. 桑麻殖於野, 五穀宜其地, 國之富也, 六畜育於家, 瓜瓠, 葷菜, 百果, 備具, 國之富也. 工事無刻鏤, 女事無文章, 國之富也.

• 君之所務者(군지소무자) : 임금으로서 힘써야 할 일.

- 山澤(산택) : 산과 늪. 산림과 숲. 澤은 藪澤(수택).
- 不救於火(불구어화) : 화재를 막지 않는다. 救는 막는다, 금지, 방지. 於는 목적어 앞에 오는 조사. 救於火는 救火와 같다. 즉 防火, 消火의 뜻이다. 孫詒讓은 校正에서 救를 敬이라고 했다.
- 不殖成(불식성) : 번식하고 성장하지 않는다.
- 溝瀆(구독) : 논이나 밭의 도랑, 관개수로(灌漑水路)를 말한다. 溝는 개천, 물도랑. 瀆은 도랑, 개천.
- 不遂於隘(불수어애) : 遂는 통하다, 통달(通達)하다, 관통하다. 隘는 塞(색). 막히다. 즉 막힌 데를 뚫지 않는다.
- 鄣水(장수) : 鄣은 障(장 · 막다). 障水는 물을 막다, 또는 막은 물. 즉 하천의 범람이나 홍수를 막기 위한 제방(堤防)이나 이에 막힌 물.
- 不安其藏(불안기장) : 其藏은 제방에 막힌 물. 不安은 제자리에 안정해 있지 않다. 즉 물이 넘쳐 범람하여 홍수가 난다는 뜻.
- 五穀(오곡) : 쌀(米), 보리(麥), 조(粟), 콩(豆), 기장(黍).
- 不宜其地(불의기지) : 宜는 적합하다, 잘 맞다, 곡물 재배는 그에 맞는 논이나 밭을 가려 심고 키워야 한다.
- 六畜(육축) : 소(牛), 말(馬), 양(羊), 개(犬), 닭(雞), 돼지(豕).
- 瓜瓠(과호) : 오이나 호박.
- 葷菜(훈채) : 葷은 파, 마늘, 생강 같은 고명풀. 菜는 배추, 무 같은 야채, 채소.
- 百果(백과) : 모든 과실.

- 工事(공사) : 건축물 또는 기물을 만드는 일. 관자는 소박한 실용주의자이며 중농정책을 내건 경제학자이기도 했다. 따라서 토건축 또는 기물은 실용적이고 견실하면 되지, 쓸데없이 사치스럽게 조각이나 장식을 할 필요가 없다고 주장한 것이다.
- 競於刻鏤(경어각루) : 刻은 나무에 조각하다. 鏤는 금속에 새기다. 競은 서로 다투다. 사치나 허식(虛飾)은 앞을 다투듯 번지게 마련이다.
- 女事(여사) : 여자들이 하는 일, 즉 옷감 짜는 일, 또는 옷 만드는 일 같은 직조(織造)나 재봉(裁縫)을 비롯한 내사(內事).
- 繁於文章(번어문장) : 번거롭도록 문채나 장식을 찾는다. 즉 화려와 사치에 흐른다.

*관자(管子)는 앞에서도 말한 바 있듯이 중농정책(重農政策)과 아울러 절검주의(節儉主義) 및 실용주의(實用主義)를 주장했다. 여기 오사(五事)에서는 나라를 통치하는 군주(君主)에게 국가 재정의 빈(貧)과 부(富)의 요결을 가르치고 있다.

1. 산림보호(山林保護)의 핵심인 방화(防火)와 아울러 식목 재배(植木栽培)로 국토를 녹화(綠化)해야 한다. 2. 관개(灌漑)와 치수(治水)에 만전을 기해야 한다. 3. 의・식(衣食)의 바탕인 오곡이나 뽕과 삼 같은 중요 농산물의 생산을 진흥해야 한다. 4. 부식 부업으로 가축사육이나 야채 및 과실의 생산을 고루 병행시

켜야 한다. 5. 건축, 기물 및 의복류는 실용적이고 건실하면 된다. 화려하고 사치스런 장식이나 문채를 번거롭게 붙일 필요가 없다.

이상의 다섯 가지를 지키고 이룩하면 국가 재정이 부하게 되고, 실패하든지 안하면 국가 재정이 빈궁에 몰리게 마련이다. 오늘의 국가 경제정책에도 그대로 반영할 수 있을 것이다.

4. 수헌(首憲)

수헌이란 임금이 정월 초하룻날 처음으로 반포(頒布)한 헌령(憲令), 즉 법령을 말한다. 그러나 이 수헌 단절(段節)은 다시 내용을 넷으로 나눌 수 있다. 즉 1. 행정구획(行政區劃), 2. 단위구획(單位區劃)인 이(里)에 대한 통제시설(統制施設), 3. 이의 주민들에 대한 동태 파악과 지도 방침, 특히 논공행상(論功行賞)과 유죄처벌(有罪處罰), 4. 법령(法令)의 반포와 하부에 대한 공포(公布) 방식 등이다.

1.

나라를 다섯 개의 향(鄕)으로 나누고, 각 향에는 수(師)라는 장을 둔다. 향을 다섯 개의 주(州)로 나누고, 각

주에는 장(長)을 둔다. 주를 열 개의 이(里)로 나누고, 각 이에는 위(尉)라는 장을 둔다. 이를 열 개의 유(游)로 나누고, 각 유에는 종(宗)이라는 장을 둔다. 열 개의 가(家)를 묶어 습(什)이라 하고, 다섯 개의 가를 묶어 오(伍)라고 하며, 습이나 오에는 각기의 장을 둔다.

分國以爲五鄕, 鄕爲之師. 分鄕以爲五州, 州爲之長. 分州以爲十里, 里爲之尉. 分里以爲十游. 游爲之宗. 十家爲什, 五家爲伍. 什伍皆有長焉.

- 分國以爲五鄕(분국이위오향) : 나라를 나누어 다섯 개의 향으로 구분한다.
- 鄕爲之師(향위지사) : 향에는 장으로써 수를 둔다. 師는 帥(수)로 고쳐야 마땅하다. 즉 향장(鄕長)을 수라 했다.
- 里(이) : 주(周)의 제도(制度)로는 25가(家)를 이라 했으나, 관자는 250가(家)를 이라 했고, 25가는 유(游)라고 했다. 유란 사람들이 서로 왕래하고 교유(交游)한다는 뜻에서 나온 말일 거다.
- 什(습) : 10가(家)를 습이라 했다. 열 사람의 뜻도 있다.

*관자는 행정구획(行政區劃)을 다음과 같은 단층으로 구분했다.

國……鄕……州……里……游……什 · 伍
(帥) (長) (尉) (宗) (~長)

國 — 五鄕 : 鄕 — 五州 : 州 — 十里 : 里 — 十游 : 十家 — 什 : 五家—伍.

2.

마을에는 성벽을 쌓고 적이 침입할 만한 샛길을 막고 도로를 한 길로 터 한 묶음으로 출입을 통제하며 이문(里門)의 시설이나 관리를 신중히 하고, 이문의 열쇠도 신중히 다룬다. 열쇠는 마을의 장인 이위(里尉)가 간직하고, 이문에는 담당관을 두어 일정한 시간을 정해서 열고 닫도록 한다.

築障塞匿, 一道路, 博出入, 審閭閈, 愼筦鍵. 筦藏于里尉. 置閭有司, 以時開閉.

- 築障塞匿(춘장색인) : 성벽을 쌓고, 샛길을 막다. 障은 장벽, 匿은 隱, 샛길. 塞匿은 적의 침투로를 봉쇄한다는 뜻.
- 一道路(일도로) : 마을이나 고을, 또는 성안으로 통행하는 출입로를 하나로 한다.
- 博出入(박출입) : 博은 摶(단)의 오기(誤記)로, 摶은 專(전)의

뜻이라고 한다(校正, 王念孫의 說). 즉 모든 사람이나 차량의 출입을 한 묶음으로 감시하고 단속한다.

- 審閭閈(심려한) : 閭나 閈이나 마을의 문, 이문(里門), 즉 이문에 대한 시설이나 감시, 또는 개폐(開閉)를 신중하게 다룬다.
- 筦鍵(관건) : 筦은 管(관)과 같다. 자물쇠와 열쇠.
- 置閭有司(치려유사) : 이문에는 담당관을 둔다. 有司는 일을 맡아 보는 벼슬아치, 담당관, 책임자.

* 마을의 방비에 대한 지침이다. 성벽을 쌓고 적의 침입로를 봉쇄한다. 그리고 출입로를 한 줄기로 뚫어 모든 사람이나 차량의 통행을 한 묶음으로 관할할 수 있게 하며 출입의 관문인 마을의 문, 즉 이문(里門)에 대한 엄중한 감시를 하라고 가르치고 있다.

3.

이문(里門)을 지키는 담당관은 출입하는 사람들을 살펴보고 이위(里尉)에게 보고한다.

무릇 규정된 시간을 지키지 않고 출입하는 자나 신분 예의에 어긋나는 옷차림을 한 자나 일가 권속 패거리들로 규칙을 어기는 자들을 담당관이 살펴가지고 수시로 보고한다.

만약 이런 일을 저지르는 자가 가장(家長)이나, 그 집의 자제, 머슴이나 여종, 일꾼들 또는 손들일 경우에는 이위(里尉)는 유종(游宗)에게 책임을 묻고, 유종은 십오(什伍)에게 책임을 묻고, 십오는 가장에게 책임을 묻는다. 즉 「앞으로는 주의하고 다시는 그런 일이 없도록 하라.」고 책망한다. 그런 일을 한두 번 저질렀을 때는 용서해 주지만 세 번째는 용서하지 않는다.

무릇 효제롭고 충신스럽고 현량하고 뛰어난 재능을 가진 자들이 가장이나 그 집의 자제, 머슴이나 여종, 일꾼들 또는 손들 안에 있을 경우, 십오는 유종에게 보고하고, 유종은 이위에게 보고하고, 이위는 주장(州長)에게 보고하고, 주장은 향사(鄕師)에게 일괄 보고하며, 향사는 사사(士師)의 명단 속에 기록케 한다.

무릇 작당하여 과실을 저지른 자들이 자기 집안에 있으면 그 가장까지 벌을 받게 되고, 가장이 죄를 졌으면 십오의 장까지 벌을 받게 되고, 십오의 장이 죄를 졌으면 유종까지 벌을 받게 되고, 유종이 죄를 졌으면 이위까지 벌을 받게 되고, 이위가 죄를 졌으면 주장까지 벌을 받게 되고, 주장이 죄를 졌으면 향사까지 벌을 받게 되고, 향사가 죄를 졌으면 사사까지 벌을 받게 마련이다.

석 달에 한 번씩 정기적인 보고를 하고, 여섯 달에 한 번씩 통계를 내고, 열두 달에 한 번씩 기록에 올린다.

무릇 현명한 사람을 등용할 경우에도 등급을 지나치게 주지 않으며, 재능 있는 사람을 쓸 경우에도 관직의 겸임을 못하게 하며, 죄를 진 자를 벌 줄 때는 연루자까지 모조리 벌을 주고 유공자에게 상을 내릴 때는 관련된 모든 사람에게 같이 상을 나누게 한다.

이른 봄 조회 때 임금이 몸소 정사를 청문하고 논공행상과 아울러 벼슬자리에 대한 평가를 내리되 이를 닷새에 끝맺는다. 늦겨울 밤에 임금이 몸소 정사를 청문하고 논죄 처형과 사형을 결정하되 이도 역시 닷새에 끝맺는다.

閭有司觀出入者, 以復于里尉, 凡出入不時, 衣服不中, 圈屬群徒, 不順於常者, 閭有司見之, 復無時.

若在長家子弟, 臣妾, 屬役, 賓客, 則里尉以譙于游宗, 游宗以譙于什伍, 什伍以譙于長家. 譙敬而勿復. 一再則宥, 三則不赦.

凡孝悌, 忠信, 賓良, 儁材, 若在長家子弟, 臣妾, 屬役, 賓客, 則什伍以復于游宗, 游宗以復于里尉,里尉以復于州長, 州長以計于鄉師, 鄉師以著士師.

凡過黨, 其在家屬, 及于長家. 其在長家. 及于什伍之長. 其在什伍之長, 及于游宗. 其在游宗, 及于里尉. 其在里尉, 及于州長, 其在州長, 及于鄉師. 其在鄉師, 及于士師.

三月一復, 六月一計, 十二月一著.

凡上賢, 不過等, 使能, 不兼官, 罰有罪不獨及, 賞有功, 不專與.

孟春之朝, 君自聽朝, 論爵賞, 校官, 終五日. 季冬之夕, 君自聽朝, 論罰罪, 刑殺, 亦終五日.

- 復于里尉(복우이위) : 復은 복답(復答), 이위에게 결과를 보고한다.
- 出入不時(출입불시) : 규정된 시간을 안 지키고 아무 때나 출입한다.
- 衣服不中(의복불중) : 中은 맞는다. 예(禮)에 어긋난 의복을 입다.
- 圈屬(권속) : 圈은 卷(권). 가족과 노비(奴婢)를 합한 일가, 친속 부치, 집안 식구.
- 群徒(군도) : 떼거리 패들.
- 不順於常(불순어상) : 常은 일정한 제도, 규칙. 규칙에 따르지 않다.

- 復無時(복무시) : 아무 때나 수시로 보고한다.
- 長家(장가) : 가장(家長), 또는 장(長)의 집안.
- 臣妾(신첩) : 복비(僕婢), 또는 노비(奴婢)와 같다. 머슴과 계집종.
- 屬役(속역) : 일꾼들.
- 賓客(빈객) : 손님.
- 譙(초) : 꾸짖는다. 책망하다.
- 宥(유) : 용서하다.
- 赦(사) : 용서하다, 죄를 사하다.
- 儁材(준재) : 儁은 俊. 뛰어난 재능을 지닌 사람.
- 著士師(저사사) : 士師는 주(周)의 관직명으로, 선비들을 다스렸다. 著는 기록하다. 즉 이름을 사사에게 기록해 둔다.
- 過黨(과당) : 과실을 저지른 무리, 작당하여 과실을 저지르다.
- 家屬(가속) : 가족(家族).
- 及于長家(급우장가) : 가장에까지 죄를 묻는다, 즉 연좌(連坐)시킨다.
- 三月一復(삼월일복) : 석 달 만에 한 번 복답(復答) 상신(上申)한다.
- 上賢(상현) : 上은 등용(登用), 거용(擧用). 어진 사람을 등용한다.
- 不過等(불과등) : 등급을 넘지 않는다. 알맞게 작위(爵位)나 봉록(俸祿)을 준다.
- 使能(사능) : 능력 있는 사람을 쓰다.

• 不兼官(불겸관) : 관직을 겸임시키지 않는다.
• 罰有罪(벌유죄) : 죄진 사람을 벌하다.
• 不獨及(불독급) : 한 사람만 죄를 묻지 않는다. 책임자나 가장에까지 연좌시킨다, 또는 공모자까지 처벌한다는 뜻.
• 不專與(불전여) : 專은 하나, 즉 상을 한 사람에게만 주지 않고 관여했던 모든 사람에게 두루 내린다.
• 孟春(맹춘) : 초춘(初春). 이른 봄.
• 聽朝(청조) : 聽은 다스리다, 처리하다. 조정에서 정사를 처리한다.
• 論爵賞(논작상) : 논공행상(論功行賞). 공을 평가하여 작위나 상여를 내려준다.
• 校官(교관) : 校는 비교하고 저울질하다. 재능이나 덕성을 가려 벼슬을 정한다. 관직을 조정한다.
• 季冬(계동) : 늦겨울. 만동(晩冬). 연말.
• 刑殺(형살) : 사형(死刑)하다.

* 마을의 성문, 즉 이문(里門)을 단단히 단속하면, 이를 출입하는 마을 사람들의 모든 생활태도를 살필 수 있다. 잘한 사람이나 잘못한 사람을 모두 상부에 보고한다. 죄를 저지른 사람이 있으면 단계적으로 그 책임자에 대해서까지 문죄하고 벌을 내릴 때도 연좌제를 적용한다. 일방 효제, 충신, 현량, 준재 같은 모범인사도 차례로 상부에 보고하여 기록에 남기게 한다. 보고는 석 달에 한 번, 통계는 여섯 달에 한 번, 기록을 일 년에

한 번씩 한다.

최종적인 국가의 심판은 임금이 직접 주재 결정한다. 논공행상은 연초 이른 봄 조회 때 결정해 내리고 형벌은 연말 늦겨울 밤에 결정해 집행케 한다.

4.

정월 초하룻날 문무백관(文武百官)을 조정에 모아놓고 임금이 영을 내리고 나라에 법령을 반포(頒布)한다.

오향(五鄕)의 장(長)인 사(師)나 오속(五屬)의 장인 대부(大夫)가 다 같이 헌령을 태사로부터 받는다.

큰 조례가 있는 그날, 오향의 사(師)나 오속의 대부가 모두 몸소 임금 앞에서 헌령을 충분히 습득한다. 태사는 헌령을 반포하고 나면, 원본을 궁중의 서고에 보관하고 헌령의 정본을 임금 앞에서 나누어준다.

오향의 사들은 조정에서 나와 저마다의 향청으로 가고, 향에 딸린 관리들에게 헌령을 알리고, 다시 유종들에게도 알리게 함으로써 모두가 헌령을 받들게 된다.

이렇듯 헌령이 공포된 후에 오향의 사는 다시 조종에 되돌아와 헌령이 공포되었음을 복창(復唱)해 보고한다. 그러고 나서 비로소 자기 집에 돌아가 쉴 수 있는 것이다. 헌령이 공포되지 않고 또한 복창되기 전에는 감히 자기 집에 돌아갈 수 없다. 만약 제멋대로 자기 집에 돌아가면, 이를 유령(留令) 즉 헌령을 묵혔다고 하며, 그 죄는 사형에 해당되고 절대로 용서받지 못하게 된다.

지방에 있는 오속 대부들은 행차용 수레를 타고 조정에 들어가고, 헌령을 받아가지고 조정을 물러난 후에도 감히 자기 집에 돌아갈 수 없으며 즉시 임지(任地)로 가야 하며, 임지인 선군(先君)의 종묘(宗廟)가 있는 도읍에 가는 그날로 종묘에 가서 그곳에 부하 관리들을 모아가지고 헌령을 받들게 한다.

이렇게 하여 헌령을 공포하면, 즉시 사자를 서울로 출발시켜 헌령을 공포한 날과 시간의 이름과 늦음까지를 보고한다. 이렇게 헌령을 반포하고 복창할 사자도 출발시킨 후에 비로소 오속대부는 자기 집에 돌아갈 수 있다. 헌령을 반포하지 않았거나 또는 복창할 사자가 출발하기 전에는 감히 자기 집에 돌아가서는 안 된다. 이것을 어기고 자기 집에 돌아가면, 이를 유령이라고 하여 죄는 사형에 해당되고 절대로 용서받을 수 없다.

헌령이 이미 공포되었는데도 이를 행하지 않는 자가 있으면 헌령 불복종이라 하고, 이에 대한 죄는 사형이며 절대로 용서받지 못한다. 공포한 헌령이 궁중서고(宮中書庫)에 있는 원본과 맞지 않고 원본보다 공포된 헌령이 더 많은 경우 그를 전제(專制)라 하고, 모자라는 경우 그를 휴령(虧令)이라 하며, 두 경우 다 같이 사형에 해당되며 절대로 용서받을 수 없다.

정월 초하룻날 임금이 헌령을 조정에서 공포한 후에 비로소 각 지방에 헌령을 공포할 수 있는 것이다.

正月之朔, 百吏在朝, 君乃出令, 布憲于國.

五鄕之師, 五屬大夫, 皆受憲於太史.

大朝之日, 五鄕之師, 五屬大夫, 皆自習憲于君前. 太史旣布憲, 入籍于大府, 憲籍分于君前.

五鄕之師, 出朝遂于鄕官, 致于鄕屬, 及于游宗, 皆受憲. 憲旣布, 乃反致令焉, 然後敢就舍. 憲未布, 令未致, 不敢就舍. 就舍謂之留令, 死罪不赦.

五屬大夫, 皆以行車朝, 出朝不敢就舍, 遂行, 至都之日, 遂於朝, 致屬吏, 皆受憲.

憲旣布, 乃發使者, 致令以布憲之日, 蚤晏之時. 憲旣布, 使者已發, 然後敢就舍. 憲未布, 使者未發, 不敢就舍. 就舍謂之留令. 罪死不赦.

憲旣布, 有不行憲者, 謂之不從令. 罪死不赦. 布憲而有 不合于大府之籍者, 侈曰專制, 不足曰虧令. 罪死不赦.

首憲旣布, 然後可以布憲.

- 朔(삭) : 초하룻날.
- 五屬大夫(오속대부) : 관자(管子) 소광편(小匡篇)에 보면, 삼향(三鄕)을 속(屬)이라 하고, 다섯 개의 속에 대부(大夫) 하나를 둔다고 했다. 즉 오속은 4만 5천 가(家)를 포괄한다.
- 太史(태사) : 사관(史官)이나 역관(曆官)의 장(長)으로, 법전(法典)도 다루었다.
- 大朝之日(대조지일) : 정월 초하룻날.
- 大府(대부) : 궁중(宮中)의 서고(書庫).
- 籍(적) : 원본(原本).
- 憲籍(헌적) : 헌령(憲令)의 정본(正本).
- 遂于鄕官(수우향관) : 遂는 가다. 官은 館. 향관(鄕舘)은 향청(鄕廳)과 같다.
- 鄕屬(향속) : 향에 딸린 모든 관리(官吏), 또는 직원들. 하급 관리들.
- 乃反致令(내반치령) : 그리고 되돌아와 복명(復命)한다.
- 就舍(취사) : 집에 들다. 자기 집에 간다.
- 留令(유령) : 영을 묵힌다.
- 以行車朝(이행거조) : 行車는 여행할 때 타는 수레. 朝는 조정

에 가다.

• 蚤晏之時(조안지시) : 蚤는 이르다, 晏은 늦다. 이르든 늦든 지체 없이 그 즉시라는 뜻.
• 侈(치) : 많다. 시행하는 헌령이나 법령이 원본보다 번거롭고 많이 늘어져 있음을 말한다.
• 專制(전제) : 제멋대로 제정했다는 뜻.
• 虧令(휴령) : 영을 깎았다. 또는 모자라게 했다는 뜻.
• 首憲(수헌) : 임금이 연초에 반포(頒布)한 헌령.

* 여기서는 헌령(憲令)의 반포(頒布)에 대해 말했다. 모든 헌령은 정월 초하룻날 임금이 내리면 오향의 사(五鄕之師)와 오속대부(五屬大夫)가 직접 조정에 와서 충분히 헌령을 습득하고 군전(君前)에서 태사(太史)로부터 정본(正本)을 받는다. 이들은 즉시 조정에서 물러나 저마다의 임지(任地)로 가서 부하 관리인 속리(屬吏)들을 모아 가지고 조정으로부터 내린 헌령을 공포한다. 그리고는 즉시 조정에 복창(復唱) 보고한다. 그때까지는 감히 자기 집에 돌아가지 못하는 것이다. 즉 헌령의 공포가 끝날 때까지는 사적 행동을 일체 하지 못한다. 또한 헌령은 원본 그대로 공포되고, 엄격히 준수되어야 한다. 어기면 절대로 용서받을 수 없는 사형을 받게 마련이다.

5. 수사(首事)

국가의 시정이나 사업을 벌이기에 앞서 그 취지나 계획을 알리는 영(令)을 수사라 한다. 이는 공명정치(公明政治)의 공리(公理)이자 관민(官民) 일체감의 바탕이기도 하다.

1.

무릇 나라에서 일을 벌이고자 하면, 반드시 일에 앞서 영을 발표해야 한다. 즉 「앞으로 이러이러한 일을 할 것이라.」고 밝히고, 그 일을 수행함에 있어 공을 세운 자나 잘못을 저지른 자에 대한 상과 벌의 기준도 반드시 미리 밝혀두어야 한다.

일을 추진하는 자는 성심껏 영을 지키고, 또한 기준대로 상과 벌을 내리도록 해야 한다. 일의 성과를 계교 평가하고 영대로 실천되었음을 보고해 올리고, 또한 공과에 따라 상이나 벌을 내려야 할 바를 보고해 올린다. 만약 일을 수행함에 있어 영에서 지시한 바와 맞지 않는 경우에는 비록 결과적으로 이득이나 공덕이 있다 하더라도 이를 전제(專制), 즉 독단적 처사라 하고, 그 죄는 사형에 해당되며 절대로 용서받지 못한다.

모든 일은 우선 일을 시작한다는 영을 미리 포고한 후에 그 일을 실천하는 것이 옳다.

凡將擧事, 令必先出. 曰事將爲. 其賞罰之數, 必先明之.

立事者, 謹守令, 以行賞罰. 計事致令, 復賞罰之所加.

有不合於令之所謂者, 雖有功利, 則謂之專制. 罪死不赦.

首事旣布, 然後可以擧事.

- 將擧事(장거사) : 將은 조동사, ……하고자 한다. 일을 하고자 한다.
- 賞罰之數(상벌지수) : 상벌의 기준, 또는 분량.
- 立事者(입사자) : 일을 처리하는 사람. 立은 成.
- 計事(계사) : 일을 계교하다. 일에 대한 평가를 한다는 뜻.
- 致令(치령) : 위에서 내린 영대로 실천했음을 밝혀 보고해 올린다. 致는 返.
- 復賞罰之所加(복상벌지소가) : 復은 다시 보고해 올린다. 상벌을 내려야 할 바를 보고해 올린다.
- 首事(수사) : 일을 실천하기에 앞서 계획이나 취지를 알리는

영(令).

*고대(古代)의 군왕(君王)은 절대적인 권력과 전제적인 통치권을 행사할 수 있었다. 그뿐만이 아니다. 백성의 생사여탈지권도 한 손에 쥐고 있었다. 그러나 관자는 주장했다. 정치는 공명하고 투명하게 해라. 시정방침(施政方針)이나 국가사업(國家事業)의 계획이나 취지를 사전에 충분히 국민에게 알리고, 그 사업에 참여할 국민들의 행동기준을 밝혀라. 그리고 이를 영으로 공포하라. 이렇게 되면 국민들은 계획과 취지와 기준에 따라 행동할 것이다. 영에 맞고 일에 보탬이 되는 행동이나 공덕에는 상을 내리고, 영에 맞지 않고 일을 해치는 행위에는 벌을 내려야 한다. 투명한 정치라야 국민과 정부는 일체가 될 수 있는 것이다.

6. 성관(省官)

省(성)은 찰(察)이다. 즉 모든 관무(官務)에 대한 살핌을 성관(省官)이라 한다. 제반의 행정감찰(行政監察)을 논한 것이다.

1.

화재 방지에 대한 법령을 제정해 다스리고 산림이나 택수(澤數) 및 초목들을 보호하고 모든 자연 재물의 벌채 사용을 때와 더불어 허락 또는 금지하여 궁이나 집의 건축용재나 땔감을 충족케 확보하는 일은 산택을 맡은 우사(虞師)의 직분이다.

하천을 준설하고 전답의 관개로를 뚫고 제방을 수축하여 물이 넘치지 못하게 하며, 설사 큰비로 물이 넘친다 해도 오곡 농사에 피해가 가지 않게 하고, 그 해의 농사가 흉작이거나 한발에 걸려도 역시 거두어들임이 있게 잘 다스리는 것은 토목 치수를 맡은 사공(司空)의 직분이다.

땅의 높고 낮음을 보고 토지의 비옥이나 메마름을 살피고, 토질이 어떤 농작물에 알맞은 가를 관찰하고, 계절이나 시기를 밝게 알리고, 농부들에게 농경의 지도를 하여 때와 더불어 생산을 조절하여 항상 고르게 농사를 짓게 하며, 오곡이나 뽕, 삼들이 다 같이 잘 자라게 하는 것은 농사를 맡은 유전(由田)의 직분이다.

지방의 마을을 두루 순행하고, 궁이나 집들을 시찰하고, 수림이나 원예(園藝)를 관찰하고, 목축을 검열하고 때와 더불어 생산을 조절하여 항상 고르게 다스리게 하여 백성들을 권면하고, 도둑질을 못하게 하고, 저마다의 집에서 생활을 즐기고 자기 마을 떠나기를 꺼리게 하는 것은 지방행정을 맡은 향사(鄕師)의 직분이다.

모든 공산품을 논하고, 시대의 유행을 살피고, 공산품의 좋고 나쁨을 분별하고, 완전 제품이나 우량품을 추천하고, 전국적으로 감독 규제를 통일하여 때와 더불어 모든 공산품의 생산을 고르게 조절하며, 비실용적이고 사치성 있는 조각이나 문채 같은 장식을 지방의 공산품에 붙이지 못하게 하는 것은 공산품을 다스릴 공사(工師)의 직분이다.

修火憲, 敬山澤林藪積草, 天財之所出, 以時禁發焉, 使足於宮室之用, 薪蒸之所積, 虞師之事也.

決水潦, 通溝瀆, 修障防, 安水藏, 使時水雖過度, 無害于五穀, 歲雖凶旱, 有所粉穫, 司空之事也.

相高下, 視肥墝, 觀地宜, 明詔期, 後後農夫, 以時均修焉, 使五穀桑麻皆安其所, 由田之事也.

行鄕里, 視宮室, 觀樹藝, 簡六畜, 以時鈞修焉, 勸勉百姓, 使力作毋偸, 懷樂家室, 重去鄕里, 鄕師之事也.

論百工, 審時事, 辨功苦, 上完利, 監壹五鄉, 以時鈞修焉, 使刻鏤文采, 毋敢造于鄉, 工師之事也.

- 修火憲(수화헌) : 修는 제정(制定)하고 다스리다. 火憲은 화재 방지에 관한 법령.
- 敬(경) : 보호하다.
- 林藪(임수) : 林은 산림(山林), 藪는 늪의 숲.
- 以時禁發(이시금발) : 시기에 따라 금하거나 또는 허가한다. 發은 산림의 채벌 반출을 허가하다.
- 薪蒸(신증) : 땔감이나 땔나무. 큰 것을 薪, 작은 땔감을 蒸이라 한다.
- 虞師(우사) : 산이나 늪을 장관하는 벼슬의 이름. 주(周)에 있었다.
- 決水潦(결수로) : 決은 막힌 곳을 터서 물이 흐르게 하다. 水潦는 괸 물. 즉 하천을 준설(浚渫) 한다는 뜻.
- 通溝瀆(통구독) : 논이나 밭의 관개수로를 관통하다(五事〈4~3〉參照).
- 修障防(수장방) : 호수나 하천의 제방을 수축하다.
- 安水藏(안수장) : 저수지나 호수 또는 하천의 물이 넘나지 않게 한다.
- 使時水雖過度(사시수수과도) : 時水는 큰비가 내려 넘치는 물. 가을에 내리는 큰비를 시우(時雨)라고 한다. 使는 시킨다 외로 설사(設使)라고 풀어도 좋다. 즉 설사 큰비가 내려 물이 과하게 넘치더라도.

• 歲雖凶旱(세수흉한) : 歲는 해, 일 년 또는 그 해의 농사 수확. 세수(歲收)의 뜻도 있다. 凶은 기후가 불순하다. 농작물이 되지 않는다, 또는 텅 빈다, 기근(飢饉)지다의 뜻. 旱은 한발, 가뭄.

• 紛穫(분확) : 거두어들이다. 紛도 穫과 같다.

• 司空(사공) : 옛날의 관명(官名) 토목(土木) 치수(治水)를 맡았다.

• 視肥墝(시비요) : 墝는 땅이 메마르다. 토지가 비옥한가 메마른 가를 살핀다.

• 觀地宜(관지의) : 이 토지에는 어느 곡물을 재배하는 것이 맞는가를 관찰하다.

• 明詔(명조) : 밝게 가르쳐 주다.

• 前後農夫(전후농부) : 농부들에게 나서서 일해라, 또는 물러나도 좋다 하고 농경의 때와 더불어 농사짓는 일을 지도한다는 뜻.

• 由田(유전) : 농사를 장관하는 관명.

• 行鄕里(행향리) : 각 지방의 마을을 순행(巡行)하다.

• 簡六畜(간육축) : 簡은 閱(열). 검열하다.

• 鈞修(균수) : 鈞은 均. 고르게 다스리다.

• 毋偷(무투) : 도적질을 못하게 한다.

• 重去鄕里(중거향리) : 마을 떠나는 것을 중대사로 여긴다. 쉽게 떠나지 않는다. 重은 신중하게 여기다.

• 鄕師(향사) : 주대(周代)의 관명으로, 지방을 다스리는 장관. 관자에서는 나라를 다섯 개의 향(鄕)으로 나누어 그의 장을

사(師)로 한다고 했다. 師는 帥라고도 한다(本篇 首憲 參考).

- 論百工(논백공) : 모든 공작(工作)을 논한다. 즉 백반(百般) 공작품에 대하여 그 실용성, 가치 등을 논한다.
- 審時事(심시사) : 시대의 유행을 살핀다.
- 辨功苦(변공고) : 잘 됐나 못됐나를 분별한다. 苦는 惡.
- 上完利(상완리) : 완전하고 이로운 물건이나 공작품을 높여 드러내다.
- 監壹(감일) : 감시하고 통일하다.
- 五鄕(오향) : 전국적이라는 뜻.
- 刻鏤文采(각루문채) : 공작품이나 공산품은 실용적이고 소박해야 한다. 사치스럽게 조각하고 문채를 깃들인 장식을 부가할 필요가 없다.
- 工師(공사) : 기물이나 공작품, 공산품을 장관하는 관직명.

* 행정 감찰로 독려할 일로, 관자는 다음의 다섯 가지를 들었다.

(1) 산림(山林)을 관장할 우사(虞師)의 직분으로는 화재의 방지, 산림과 초목의 보호, 산림 채벌의 적시 조절, 건축용재나 시탄의 충분한 비축 등을 들었다.

(2) 토목 치수를 관장할 사공의 직분으로는 배수시설의 완비, 관개수로의 관통, 하천 제방의 수축, 하천, 호수나 저수지의 안전 관리, 호수로부터의 피해 방비, 흉년이나 가뭄에 대한

대책을 들었다.

(3) 농사를 장관할 유전(由田)의 직분으로는 농지 지형의 측량, 농지 비옥도의 관찰, 토질과 농작물의 적합도 관찰, 그리고 천문 기후 계절을 밝혀가지고 농부들로 하여금 적기 농작을 지도함으로써 농작물 생산의 만전을 기할 것을 들었다.

(4) 지방을 다스릴 향사(鄕師)의 직분으로는 지방 순시, 건축물 같은 부동산의 조사와 관리, 수목 원예 재배의 감독, 목축 생산의 검열과 생산을 조절하고 나아가서는 백성들에게 근면과 생산의 풍조를 돋우고 도적 같은 범죄를 저지르지 못하게 민풍을 순화하고, 나아가서는 자기 고향을 사랑하고 이탈을 싫어하게끔 애향심(愛鄕心)을 돋아 가르치게 하는 것까지 들었다.

(5) 공산품을 장관할 공사(工師)의 직분으로는 모든 공산품의 규격, 종류, 실용성 등을 논하고 유행과 실수요도를 살피고 가리고 제품의 선악을 감정하고, 우량 생산품을 추천하고 전국적인 기준을 통일하고, 생산을 조절하고 아울러 비실용적이고 사치적인 가식이나 데커레이션을 특히 지방에서는 금하는 일들이다.

이상에서 본 우사, 사공, 유전, 향사, 공사 등은 높은 벼슬은 아닐 것이다. 즉 그들은 일선의 행정관들이다. 그러나 이들은 산림의 천연자원을 보호 활용하고, 토목 치수로 천재 지의로부터의 피해를 극복하고, 농작물의 생산을 높이고, 지역 개발로 제 고향을 낙원화(樂園化)하고 모든 공산품의 실용화와 우량화를 위한 일선의 산지도자들이라 하겠다. 생활 향상을 위한 직접적인 행정 지도의 지침이기도 하다.

7. 복제(服制)

의복이나 장식 및 수레까지를 규제하고 있다.

1.

작위의 고하를 가려 의복이나 장식을 규제하고, 봉록의 다소를 헤아려 재물의 씀씀이를 한정 짓는다.

음식에도 정량이 있고, 복장에도 규제가 있고, 궁궐이나 가옥에도 규격이 있고, 가축이나 노비에도 수량상의 차이가 있고, 배나 수레, 가구, 집기 등에도 신분에 따른 사용이나 소유의 제한이 있다.

생존 시에는 수레, 예관, 의복, 자리, 봉록, 전지, 택지 등의 차별이 있고, 죽어서는 관이나 겉관, 수의, 묘혈, 무덤에도 분수가 있게 마련이다.

비록 현명하고 존귀한 사람일지라도 작위를 지니고 있지 않으면, 그 작위에 맞는 복장을 갖출 수 없다.

비록 집안이 부하고 재물이 많다 하더라도 국가로부터 봉록을 받는 것이 아니면 재물의 씀씀이를 국록 받는 사람같이 할 수 없다.

천자는 문채 있고 비단 수놓은 복장을 할 수 있으나 부인은 종묘를 모실 때만 입을 수 있고 연회석에서는 입을 수 없다. 장군이나 대부들은 조례 때는 문채나 수놓은 옷을 입을 수 있고, 관리들은 명을 받을 때 입을 수 있고, 선비(士)들은 띠의 깃에만 문채를 들일 수 있다. 한편 상민들은 여러 색깔이나 무늬 있는 옷을 걸치지 못한다. 모든 공인이나 상인들은 긴 털 달린 돈피를 몸에 걸치지 못한다. 복역 중에 있는 죄수는 상복을 입지 못하고 가마나 수레를 소유할 수 없다.

度爵而制服, 量祿而用財.

飮食有量, 衣服有制, 宮室有度, 六畜人徒有數, 舟車陳器有禁修.

生則有軒冕服位穀祿田宅之分 死則有棺槨絞衾壙壟之度.

雖有賢身貴體, 毋其爵, 不敢服其服.

雖有富家多資, 毋其祿, 不敢用其財.

天子服文有章, 而夫人不敢以燕, 以饗廟. 將軍大夫以朝, 官吏以命. 士止于帶緣. 散民不敢服襍采. 百工商賈, 不得服長鬈貂, 刑余戮民, 不敢服絻, 不敢畜連乘車.

- 度爵(도작) : 작위의 고하를 헤아리다.
- 人徒(인도) : 머슴, 노비.
- 陳器(진기) : 진열하는 기구. 집기.
- 禁修(금수) : 사치품을 금한다는 뜻. 修는 큰 뜻이 없다.
- 軒冕(헌면) : 軒은 마차, 수레, 가마. 冕은 예관(禮冠).
- 田宅(전택) : 전지(田地)와 택지(宅地), 밭과 집.
- 棺槨(관곽) : 관과 덧관.
- 絞衾(교금) : 염습할 때 수의를 여미는 포백, 絞는 창황색(蒼黃色)의 무명, 衾은 홑겹의 무명.
- 壙壟(광롱) : 壙은 광중, 모혈(墓穴). 壟은 무덤, 분(墳).
- 服文有章(복문유장) : 文은 문채(紋綵), 章은 자수(刺繡). 즉 천자는 문채가 있고 수놓은 옷을 입는다.
- 燕(연) : 연회(宴會).
- 饗廟(향묘) : 饗은 흠향하다. 즉 종묘에 제사드린다는 뜻.
- 襍采(잡채) : 여러 가지 색깔이나 무늬가 있는 옷.
- 長鬈貂(장권초) : 긴 털 달린 돈피로 된 의복.
- 戮民(육민) : 죄수.
- 絻(면) : 상복 또는 상두건(喪頭巾).

• 畜連乘車(축연승거) : 畜은 소유하다, 지니다, 갖는다. 連은 輦(연), 乘車는 말이나 소가 끄는 수레.

*복식(服式)은 외형적으로 신분계급을 표상하는 척도다. 따라서 옛날에는 이에 대한 규제가 무척 까다로웠다. 벼슬의 유무, 지위의 고하에 따라 복식을 엄격하게 규제했던 것이다. 심지어 재물 사용 및 건축물이나 승용하는 수레나 가마까지 엄격하게 규제되었었다. 복식에 대한 규제는 오늘의 일반사회에서는 그 의의가 거의 없으나, 그래도 군대 같은 한정된 집단 사회에서 계급과 권력을 상징하는 것으로 제법 활용되고 있음을 상기할 때, 고대 사회에서 강조한 의도를 짐작할 수 있을 것이다.

8. 구패(九敗)

국가나 사회가 망하는 아홉 가지 항목을 들었다. 즉 국가 패망의 독소조항(毒素條項)이다.

1.

무력을 포기하자는 비전 사상이 높아지면 아무리 험난한 요새가 있어도 나라를 지킬 수가 없다.

남도 나같이 사랑하라는 겸애사상이 득세하면, 사졸들은 전쟁을 하지 않게 된다.

무위자연(無爲自然)으로 천수(天壽)를 보전해야 한다는 수명장수의 사상이 넘치게 되면, 모든 사람들은 염치 같은 도덕을 지키지 않게 된다.

개인주의와 이기주의가 득세하면, 윗사람의 영이 실천될 수 없다.

편파적이고 우매한 대중들의 주장이 득세하게 되면, 현명한 자와 어리석은 자의 구분이 없게 된다.

물질만능과 배금사상이 득세하게 되면, 작위의 권위가 아래로 떨어진다.

유흥이나 향락주의가 번지면, 간음한 자들이 판을 치게 된다.

청탁과 뇌물로 출세하겠다는 생각이 번지면, 가치기준이나 법도가 바로 서지 않는다.

아첨이나 기만이 넘치면, 간교하고 간녕한 자들만이 등용되게 마련이다.

寢兵之說勝, 則險阻不守.

兼愛之說勝, 則士卒不戰.

全生之說勝, 則廉恥不立.

私議自貴之說勝, 則上令不行.

群徒比周之說勝, 則賢不肖不分.

金玉貨財之說勝, 則爵服下流.

觀樂玩好之說勝, 則姦民在上位.

請謁任擧之說勝, 則繩墨不正.

諂諛飾過之說勝, 則巧佞者用.

- 寢兵(침병) : 寢은 잠재워 두다, 가라앉힌다. 兵은 무기, 병력. 즉 무력을 포기하라는 비전론(非戰論) 송형(宋鈃)이나 윤문(尹文)의 주장.
- 險阻不守(험조불수) : 아무리 험난한 요색이 있어도 수비할 수 없다.
- 兼愛(겸애) : 남도 나같이 사랑하라. 겸애사상은 묵자(墨子)가 주장했다. 박애사상(博愛思想)이라고 하겠다.
- 全生(전생) : 도가(道家)가 주장하는 설로, 자기의 수명을 끝까지 보전하는 수명장생(壽命長生)의 설이다. 즉 천수(天壽)를 다하기 위해서는 온갖 인위적인 것을 피하고, 때로는 굴욕도 모른 척해야 한다. 무위자연(無爲自然)을 위주로 하고, 문물제도나 예의법도의 구속을 벗어나야 한다고 주장한다.
- 私議自貴(사의자귀) : 사적인 주장이나 자기만을 존귀하게 여기다. 개인주의와 이기주의.
- 群徒比周(군도비주) : 패거리를 짓고 편파적으로 행동한다.

편파적이고 저속한 군중 단체의 주장을 말한다.

- 金玉貨財(금옥화재) : 물질만능주의, 황금숭배주의, 배금주의(拜金主義)를 가리킨다.
- 觀樂玩好(관락완호) : 향락, 유흥주의를 가리킨다.
- 姦民(간민) : 간음(姦淫)한 사람, 문란한 사람.
- 請謁任擧(청알임거) : 뇌물이나 청탁으로 윗사람에게 통하고, 남의 후원이나 천거로 윗자리에 오르는 일을 가리킨다.
- 繩墨(승묵) : 법도.
- 諂諛飾過(첨유식과) : 飾過는 윗사람의 잘못을 잘한 양으로 수식해 꾸미는 것. 즉 아첨하고 얼버무리는 일.
- 巧佞(교녕) : 간교하고 간녕한 자.

* 사회나 국가가 패망하는 아홉 가지 독소조항(毒素條項)을 다음과 같이 추릴 수 있겠다.

(1) 비전사상(非戰思想)

(2) 철저한 박애사상(博愛思想)

(3) 비겁할 정도의 수명(壽命) 보전(保全)

(4) 개인주의와 이기주의

(5) 우매한 대중주의(大衆主義)

(6) 물질만능과 배금주의(拜金主義)

(7) 찰나적(刹那的) 향락주의

(8) 뇌물과 청탁주의

(9) 허위와 아첨주의.

이상의 9개 독소가 국가 사회를 패망으로 몰고 가리라는 것은 고금동서의 구분이 없다. 다른 설명을 부연할 필요가 없을 것이다. 관자 제21권에 입정 구패해(立政 · 九敗解)가 있으니 참조하기 바란다.

9. 칠관(七觀)

위정자가 관찰하고 실천해야 할 일곱 가지 교화(敎化)의 핵심이다.

1.

기약하면 반드시 실천하고, 사령(使令)을 받으면 반드시 가고, 온 백성들이 자신을 버리고 임금의 마음을 자기 마음으로 삼게 되는 것이, 바로 교화(敎化)의 종국적인 목표다.

처음에는 눈에 보이지 않는 임금 마음속에서 싹튼 가르침이지만 나중에 가서는 걷잡을 수 없을 만큼 큰 행동으로 나타나는 것, 즉 임금 한 사람이 속으로 품고 몸소 행한 바를 만인이 좇아 실천하게 되는 것이, 바로 훈도(訓

導)의 종국적인 목표다.

영을 내리지 않아도 자진해서 행하고, 사령을 받지 않아도 자진해서 가며, 윗사람이 독촉이나 강압을 가하지 않아도 백성들이 자발적으로 충성을 다하게 되는 것이, 바로 모든 백성이 도달할 종국적인 목표다.

임금의 마음속에 그려진 좋고 나쁜 느낌을 백성들이 스스로 감독하여 실천에 나타내고, 벌을 내리지 않아도 백성들이 두려워할 줄 알고, 상을 주지 않아도 스스로 권장하고 노력할 줄 알게 되는 것이, 성신(誠信)의 종국적인 목표다.

임금의 이룩한 일이 모든 사람에게 해가 되지 않고, 이룩한 일에 대하여 논란하지 않으면 임금의 성취한 일이 절대적인 가치를 지니게 되는 것이, 천도(天)가 가르쳐주는 바 종국적인 목표이다.

하면 반드시 성취되고, 구하면 반드시 얻어지고, 임금이 원하는 바가 크든 작든 반드시 이루어진다는 것은, 일을 담당하는 자가 바라는 종국적인 목표다.

영을 내리면 실천되고, 금하면 멈추고, 국법(國法)이 공포되는 대로 온갖 백성들이 그 국법을 따르며, 마치 온 육체의 모든 동작이 속에 있는 마음을 따르듯, 온 백성이 국법을 따르게 되는 것이, 정치가 바라는 종국적인 목표다.

期而致, 使而往, 百姓舍己以上爲心者, 教之所期也. 始於不足見, 終於不可及, 一人服之, 萬人從之, 訓之所期也. 未之令而爲, 未之使而往, 上不加勉, 而民自盡竭, 俗之所期也. 好惡形於心, 百姓化於下, 罰未行而民畏恐, 賞未加而民勸勉, 誠信之所期也. 爲而無害, 成而不議, 得而莫之能爭, 天道之所期也. 爲之而成, 求之而得, 上之所欲, 小大必擧, 事之所期也. 令則行, 禁則止, 憲之所及, 俗之所被, 如百體之從心, 政之所期也.

- 期(기) : 기약하다, 굳게 약속하고 정하다. 기대하다, 목적하다. 종국적인 목표로 삼는다.
- 舍己(사기) : 舍는 捨. 자기를 버리다.
- 始於不足見(시어부족견) : 교훈은 정신적인 것이다. 윗사람 가슴속에 있는 정신적인 가르침은 처음에는 눈으로 볼 수 없는 것이다.
- 終於不可及(종어불가급) : 처음에는 눈에 보이지 않는 정신적인 가르침이나, 종국에 가서 그 가르침이 이룩한 결과는 큰 것으로 법령(法令)으로 미칠 수 있는 것이 아니다.

• 一人服之(일인복지) : 한 사람, 즉 임금이 그것을 몸소 실천한다. 服은 실행하다. 之는 교훈, 즉 임금이 솔선수범하다.
• 未之令而爲(미지영이위) : 영을 내리지 않아도 자진해서 실천한다.
• 加勉(가면) : 독촉이나 강요를 하다.
• 盡竭(진갈) : 다하다.
• 爲而無害(위이무해) : 임금이 이룩한 일이 모든 사람에게 해가 되지 않는다.

* 칠관(七觀)은 백성을 교화(敎化)함에 있어 종국적으로 도달코자 하는 바 목표, 즉 기약(期約)이나 기대하는 바를 7개 항으로 들었다.

(1) 교화의 종국적 목표는, 백성들이 자기를 잊고 오로지 위정자의 마음과 정신을 지닐 것이며,

(2) 훈도(訓導)의 종국적 목표는, 위정자가 마음속으로 계획한 것이 전 국민적 실천으로 대대적인 성과를 거둘 것이며,

(3) 전 국민적 기풍에 바라는 종국적인 기대는, 법령이나 독촉 또는 강압을 가하지 않아도 자발적으로 행동하고 능동적으로 움직여 줄 것이며,

(4) 국민들의 정신적 성신(誠信)에 바라는 종국적 기대는, 형벌이나 포상에 앞서서 위정자가 원하는 바나 또는 실현하는 바

를 이심전심으로 이해하고 실천해 줄 것이며,

(5) 만민(萬民)을 사랑하고 애육하기를 바라는 하늘의 뜻을 따라 백성을 다스릴 임금이 쫓아야 할 천도(天道)의 종국적 목표는, 임금의 정사는 공평무사(公平無私)하고, 박시제중(博施濟衆)하고, 절대 존재인 천의 진리와 최고선(最高善)을 구현해야 할 것이며,

(6) 모든 국사를 담당할 국가의 관리들은, 임금의 뜻을 받들어 대소사를 불문하고 성공적으로 성취시켜야 할 것이며,

(7) 국가 정치가 종국적으로 목표로 하는 바는, 전체 국민들이 하나의 중심인 국법을 한결같이 따를 것이다.

이상의 일곱 가지, 즉 ① 교화, ② 훈도, ③ 자발적인 국민기풍의 진작, ④ 성신(誠信)한 국민정신의 실천, ⑤ 절대 진리와 최고선(最高善)의 구현, 즉 천도(天道)의 실천, ⑥ 공무원의 책임 완수, ⑦ 국법의 준수는 위정자가 깊이 생각하고 실천해야 할 국가 정치의 요결이다.

제5편 승마乘馬 경언經言 5

제5편 중 승마(乘馬)란 말은, 제6장 사농공상(士農工商)에서 보인다. 거기서는 「말을 타다」라는 뜻으로 씌었고, 나아가서 말이나 소를 부려도 힘의 한계를 측정해야 하듯이 군비(軍備)도 나라의 형편을 보고해야 한다는 것을 주장코자 했다.

승마(乘馬)는 병부(兵賦)라는 뜻이다. 승(乘)은 네 마리의 말이 끄는 전차(戰車)를 가리킨다. 제후(諸侯)의 나라는 이들 전차 천 대를 보유함으로써 천승지국(千乘之國)이라고 한다.

그러나 제5편 승마편(乘馬篇)에는 병부에 대한 것만이 있지 않다. 대체적으로 조세(租稅)에 대한 말이 많이 나오고 있기는 하나 내용이 일정하고 고르지 못하다.

그러나 일찍이 독특한 경제이론과 경제정책을 들고 나온 관자는 여러 가지 괄목할 발언을 하고 있다. 특히 중농정책(重農政策)을 바탕으로 한 관자는 지균(地均)이라고 하여 토지의 균형 잡힌 평가를 여러 곳에서 강조하고 있으며, 제법 구체적인 숫자로 표시까지 하고 있다.

제5편은 총 9장으로 나누어져 있다. 즉 ① 입국(立國), ② 대수(大數), ③ 음양(陰陽), ④ 작위(爵位), ⑤ 무시사(務市事), ⑥ 사농공상(士農工商), ⑦ 성인(聖人), ⑧ 실시(失時), ⑨ 지리(地理) 등의 아

홉 개의 장이다. 단 ② 대수, ⑦ 성인, ⑧ 실시, ⑨ 지리 등은 짧은 구절로 다른 것에 비해 장으로 독립시키기에는 내용이 빈약하지만 원본대로 따랐다. 한편 ⑥ 사농공상은 지나치게 길어서 이 책에서는 방편상 다시 7개 단절론으로 나누었다.

– 不朽의 眞理 –

無爲者帝, 爲而無以爲者王, 爲而不貴者霸, 不自以爲所貴, 則君道也, 貴而不過度, 則臣道也. (5~2)

地者政之本也, 朝者義之理也. (5~3)

市者貨之準也, 黃金者用之量也. (5~3)

地不平均和調, 則政不可正也. (5~3)

貨多事治, 則所求於天下者, 寡矣. 爲之有道. (5~3)

朝者義之理也. 是故爵位正, 而民不怨. 民不怨則不亂, 然後義可理. (5~4)

理不正則不可以治, 而不可不理也. (5~4)

是故, 百貨賤, 則百利不得. 百利不得, 則百事治. 百事治, 則百用節矣. (5~5)

是故事者生於慮, 成於務, 失於傲. 不慮則不生, 不務則不成, 不

傲則不失. (5~5)

市者可以知治亂, 可以知多寡. (5~5)

辨於黃金之理, 則知侈儉. 知侈儉, 則百用節矣. (5~6)

故儉則傷事, 侈則傷貨. (5~6)

貨盡而後知不足, 是不知量也, 事已而後知貨之有餘, 是不知節也. 不知量, 不知節, 不可謂之有道. (5~6)

重而後損之, 是不知任也. 輕而後益之, 是不知器也. 不知任, 不知器, 不可謂之有道. (5~6)

命之曰地均, 以實數. (5~6)

士聞見博學意察, 而不爲君臣者, 與功而不與分焉. (5~6)

非一令而民服之也, 不可以爲大善. (5~6)

非誠賈, 不得食于賈, 非誠工, 不得食于工, 非誠農, 不得食于農. 非信士, 不得立于朝. (5~6)

君知臣, 臣亦知君知己也. 故臣莫敢不竭力, 俱操其誠以來.

聖人之所以爲聖人者, 善分民也. (5~7)

聖人不能分民, 則猶百姓也. (5~7)

於己不足, 安得名聖. (5~7)

是故, 有事則用, 無事則歸之於民. (5~7)

唯聖人爲善託業於民. (5~7)

民之生也, 辟則愚, 閉之類. (5~7)

上爲一, 下爲二. (5~7)

時之處事精矣, 不可藏而舍也. (5~8)

今日不爲, 明日忘貨. (5~8)

昔之日已往而不來矣. (5~8)

1. 입국(立國)

국도(國都)를 건립(建立)하는 지침이다.

1.

무릇 나라의 서울을 건립할 경우, 그 위치를 큰 산 밑에 잡지 말고 반드시 큰 강을 끼도록 해야 한다. 지면이 높더라도 아주 메마른 땅 근처는 피해야 용수(用水)를 충족하게 쓸 것이다. 반대로 얕은 곳이라도 지나치게 습한 곳은 피해야 과외의 하수도나 제방 시설을 하지 않아도 될 것이다. 산이나 강 같은 천연자원을 잘 활용하고, 또한 지리적 조건을 잘 이용하여 서울을 만들면 결국 성곽을 쌓을 때도 원칙대로 하지 않아도 되고, 도로를 만들 때도 표준대로 하지 않아도 된다.

凡立國都, 非於大山之下, 必於廣川之上. 高毋近旱, 而水用足.下毋近水, 而溝防省. 因天材, 就地利. 故城郭不必中規矩, 道路不必中準繩.

- 立國都(입국도) : 국도를 세운다, 건립한다. 즉 나라의 서울을 정하고 만든다.
- 旱(한) : 건조한 곳.
- 溝防省(구방생) : 溝는 도랑, 배수로, 하수도 시설. 防은 제방, 둑. 省은 생략하다, 덜다, 안 해도 좋다.
- 規矩(규구) : 원칙, 본, 규칙, 원형.
- 準繩(준승) : 표준, 기본, 법도.

*국도건설(國都建設)에 대한 짤막한 의견서다. 그러나 핵심을 잘 파악하고 있다. 인구가 밀집할 서울의 용수(用水)를 생각하여 반드시 큰 강을 끼라고 했다. 동양이나 서양이나 같다. 모든 도시는 강을 끼거나 가까이 두고 있다. 다음으로 건설의 편리를 생각해서 지나치게 높거나 또는 얕아도 안 된다. 높으면 건조하고 얕으면 습하여 하수구, 제방 시설에 고생할 것이라고 주의를 주었다. 다음으로 성곽과 도로는 반드시 만들어야 하며, 단 지형과 지세를 활용하면 노력이나 비용을 절감하며 고도의 효과를 얻을 수 있다고 말하고 있다.

2. 대수(大數)

大(대)는 제(帝), 왕(王), 패자(霸者), 군(君) 및 고관으로서의 신(臣) 같은 대인물(大人物)이란 뜻일 것이다. 數(수)는 술(術), 즉 대인물의 태도를 부분적으로 논한 것이다.

1.

자연무위(自然無爲)하면서도 교화를 이룩하는 임금을 제(帝)라 하고, 애쓰고 일하되 안한 척하는 임금을 왕(王)이라 하고, 이룩하되 존귀한 척하지 않는 자를 패자(霸者)라 하고, 스스로 존귀하게 여기지 않는 것이 군(君)의 도리이며, 존귀한 자리에 있으면서도 지나치지 않는 것이 신(臣)의 도리라 하겠다.

無爲者帝, 爲而無以爲者王, 爲而不貴者霸, 不自以爲所貴, 則君道也, 貴而不過度, 則臣道也.

• 無爲者(무위자) : 하는 바가 없다. 고대의 요(堯) · 순(舜) 같은 성현제왕(聖賢帝王)들은 인위적인 기교나 번거로운 제도를 가지고 백성을 버리지 않았다. 마치 하늘이나 태양이 아무 말 없고, 또 직접적으로 인간에게 강요하는 거 없이 만물을

키우고 발전시키듯, 그들 성제(聖帝)들은 무위자연(無爲自然) 속에 모든 백성들을 교화시켜 잘 살고 번창하게 했다. 이러한 경지에 이르자면 타고날 때부터 큰 덕(大德)을 지녀야 하며, 이러한 덕치(德治) 교화(敎化)를 이룩한 임금을 제(帝)라 부른다.

- 爲而無以爲者(위이무이위자) : 앞의 경지보다는 한층 밑이다. 애를 쓰고 일을 하지만 표면으로는 별로 애도 안 쓰고 한 일도 없는 듯하게, 자기의 공을 내세우지 않는 임금을 왕(王)이라 한다.
- 覇(패) : 패자.

*중국 고대의 정치(政治) 이상(理相)은 무위이치(無爲而治)다. 즉 위정자가 덕(德)으로 만민을 감화하여 자타가 서로 의식하지 못하게 잘 다스려지는 정치를 이상으로 여겼다. 이는 바로 하늘이 만민을 사랑하고 만물을 자육(孶育)·번식(繁殖)시키되 아무 말도, 아무런 제제나 구속이나 강요도 가하지 않는 대덕(大德)을 본받고자 함이다. 이러한 덕치의 대표를 요(堯)임금이라 한다. 요임금 때의 90세 노인이 땅을 치며 읊었다는 격양가(擊壤歌)는 이상적인 태평치세(太平治世)의 노래라 한다. 「해가 뜨면 나와서 밭갈이하고 해가 지면 들어가 쉬며, 우물파 물 마시고, 밭 갈아먹는다. 임금의 힘이 나에게 없는 듯하구나! (日出而作, 日入而息, 鑿井而飮, 耕田而食, 帝力于我何

有哉!)」

여기서 관자는 「무위이치(無爲而治)」를 기준으로 하고, 단계적으로 제(帝), 왕(王), 패자(覇者), 군도(君道) 및 신도(臣道)의 등급을 비춰주었다.

3. 음양(陰陽)

음과 양의 두 개의 기(氣)가 변역 조화를 함으로써 춘하추동의 계절이나 세월, 시간, 밤과 낮의 교체, 추이가 이루어지는 것이며, 이러한 천기, 기상, 계절은 인간의 힘 밖에 있는 것으로, 인간들은 이들을 잘 활용함으로써 농업 생산을 올려야 한다. 이것이 바로 토지행정이자 정치의 가장 핵심인 것이다. 정치가 잘 이루어졌다 못 이루어졌다 하는 것은 다름이 아니라 농업생산을 올려 나라가 부하게 되느냐 못 되느냐를 말하는 것이다. 나라가 부하면 정치도 잘 다스리질 것이고, 다시 말해서 정치를 잘하면 나라가 부하게 될 것이다.

이 음양의 단절에서는 주로 토지행정을 잘하여 나라를 부유하게 만들라는 것을 강조했으나, 앞머리에서 다음에 논할 작위(爵位), 무시사(務市事), 사농공상(士農工商)

을 총괄 서술하는 토막이 있다. 이 책에서는 이 부분을
따로 분리해서 풀었다.

1.

토지는 정치의 바탕이다. 조정은 천하의 도의를 바로 다스려주는 곳이다. 시장의 시세는 모든 상품의 가격을 정해주는 표준이다. 황금의 화폐는 유통가치의 척도다. 제후의 토지를 전차 천 대를 차출하는 나라라고 한 것은 군비의 한계를 알리는 말이다.

이상의 다섯 가지에 대하여 그들 원리를 마땅히 알아야 한다. 그리고 그들 원리를 구현하고 다스리는 데는 기본적인 도리가 있는 것이다.

地者政之本也. 朝者義之理也. 市者貨之準也. 黃金者用之量也. 諸侯之地, 千乘之地者, 器之制也.

五者其理可知也. 爲之有道.

- 地者(지자) : 땅. 나라도 땅 위에 있고, 또 인간 생활의 바탕인 의식주에 소요되는 모든 물질도 땅에서 생산된다. 단적으로 땅이 없으면 인간의 생존도 생활도 없고, 나라도 정치도 없

다. 따라서 땅은 정치의 바탕이라고 했다.

- 朝者(조자) : 조정(朝廷), 또는 조회(朝會).
- 義之理(의지리) : 義는 도의(道義), 정의. 理는 이치, 줄기 또는 다스림(治). 즉 사회정의나 질서의 줄기, 또는 그를 바로잡고 다스린다는 뜻.
- 市者(시자) : 장사, 상업, 시장, 시장 시세(市場 時勢).
- 用之量(용지량) : 재물 사용의 척도(尺度). 즉 경제가치, 물가(物價), 유통가치의 척도.
- 千乘之地(천승지지) : 제후가 지배하는 땅, 전차(戰車) 천 대를 차출할 수 있다. 乘은 전차 한 대를 가리킨다.
- 器之制(기지제) : 器는 병갑(兵甲), 즉 군비(軍備). 制는 제약, 한도, 한계.

*관자는 다음의 다섯 가지 원리를 들었다. ① 농업사회에서 토지는 바로 국가의 바탕이고, 토지관리는 바로 정치의 핵심이 된다. 오늘의 세계에서는 농업보다도 공업이 보다 정치적으로 중요한 비중을 차지할 것이다. 특수한 경우로는 석유가 바로 한 나라의 입국(立國)의 바탕이고, 정치적 초점이 될 수도 있다. ② 정치나 정부는 사회정의나 질서를 바로잡아주는 것이라 했다. ③ 상품의 물가는 시장의 시세가 정한다. ④ 화폐는 모든 유통 가치의 척도다. ⑤ 제후의 나라에는 군비의 한계가 있다. 다음에서 관자는 하나하나에 대하여 서술했다. 따라서 이 부분

이 음양(陰陽)에 들어있기는 하나, 다음에서 별개 항목으로 서술할 다섯 가지에 대한 서론 격이라 하겠다. 즉 ①은 음양(陰陽), ②는 작위(爵位), ③은 무시사(務市事), ④, ⑤는 사농공상(士農工商)에서 논했다.

2.

땅은 정치의 바탕이다. 그런고로 옳은 토지행정으로서 모든 정치를 바르게 할 수 있는 것이다. 토지행정이 고르지 못하거나 조화를 잃었을 때는 모든 다스림이 바르게 될 수 없다. 국가의 다스림이 바르지 않으면 만사가 순리롭게 이루어지지 않는다.

춘하추동 사계절의 교체는 음과 양의 추이로 이루어지는 것이며, 시절이나 밤낮의 시간에 서로 길고 짧음도 음과 양이 적절하게 작용함으로써 이루어지는 것이며, 낮과 밤이 서로 바뀌는 것도 음과 양의 조화로써 이루어지는 것이다. 이들 계절, 시간, 낮과 밤의 변천 교체는 모두가 음양(陰陽) 이기(二氣)의 상승작용(相乘作用)으로 일어나는 것이며, 이를 일으키는 음양은 언제나 올바르고 적절하게 작용하는 것이다. 비록 음양의 작용을 옳지 못하고 적절하지 못하다 하더라도, 인간의 힘으로서는 음양의 작용에 대하여 남음이 있다고 깎아낼 도리도 없을 것이며 모자란다고 더 보태줄 도리도 없는 것이다. 인간뿐만이 아니라 천지라 할지라도 그 작용에 대하여 깎을 수도 더할 수도 없는 것이다. 그렇기 때문에 인간의 힘으로 옳고 적절하게 다스려야 할 것은 바로 토지에 대한 것이며, 따라서 토지행정을 바르고 적절하게 하지 않으면 안 된다. 토지행정을 옳게 하면 반드시 그에 정비례하는 실적과 수확을 올릴 것이다. 지형이 길든 짧든, 또는 면적이 크든 작든 그에 알맞게 토지행정을 바르게 해야 한다. 지형의 장단이나 면적의 대소나 할 것 없이 모든 대상에 맞도록 바르게 다스려야 한다.

토지행정을 바르게 못하면 국가행정이 순리롭게 되지 않으며, 국가행정이 순리롭지 못하면 모든 일이 잘 다스려지지 않으며, 모든 일이 잘 다스려지지 못하면 나라의 물자가 풍부하게 불지 않는다. 결국 나라의 물자가 풍족하게 되는 것을 알리는 징조는 바로 일이 잘 다스려지는 데 있나고 하겠으며, 일이 잘 다스려지는 것을 알리는 징조는 물자가 많게 된 데에 있다고 하겠다. 나라의 물자가 풍족하게 많아지고 일이 잘 다스려지기만 하면, 자기 나라 아닌 온 천하의 다른 곳에서 언고자 바랄 것이 거의 없게 되는 것이다. 그러므로 이상에서 말한 바 토지행정을 잘하는 것이, 바로 정치의 도를 터득한 것이라 하겠다.

地者政之本也. 是故地可以正政也. 地不平均和調, 則政不可正也. 政不正, 則事不可理也.

春秋冬夏, 陰陽之推移也. 時之短長, 陰陽之利用也. 日夜之易, 陰陽之化也. 然則陰陽正矣. 雖不正, 有餘不可損, 不足不可益也. 天地莫之能損益也. 然則可以正政者, 地也. 故不可不正也. 正地者, 其實必正. 長亦正, 短亦正, 小亦正, 大亦正, 長短大小, 盡正.

不正, 則官不理. 官不理, 則事不治. 事不治, 則貨不多.

是故何以知貨之多也. 曰, 事治. 何以知事之治也. 曰, 貨多. 貨多事治. 則所求於天下者, 寡矣. 爲之有道.

- 是故(시고) : 그런고로.
- 地可以正政(지가이정정) : 토지에 대한 행정을 바르게 해야 한다.
- 事不可理(사불가리) : 모든 일이 잘 처리되지 않는다. 理는 처

리, 다스리다(治).

- 時之長短(시지장단) : 시간이 짧고 길다 함은 하루라고 하는 정해진 시간에서 낮이 길면 밤이 짧고, 밤이 길면 낮이 짧음을 뜻하며, 또한 일 년을 단위로 보면 계절의 길이가 서로 짧고 길고 함을 말한다.
- 陰陽之利用(음양지이용) : 利用은 올바르고 적절하게 작용한다는 뜻. 즉 음과 양이 계절과 더불어 여름에는 낮이 길고, 겨울에는 밤을 길게 하여 모든 생물의 성장을 위해 적절하게 시간적 안배와 작용을 한다는 뜻.
- 日夜之易(일야지역) : 낮과 밤이 교대로 바뀌다.
- 有餘不可損(유여불가손) : 설사 음양(陰陽)의 작용의 남음이 있다고 해도 인간의 힘으로 이를 깎아낼 수는 없다.
- 天地莫之能損益(천지막지능손익) : 음양의 작용에 대해서는 천지라도 이를 깎거나 더하거나 할 도리가 없다.
- 其實必正(기실필정) : 그 실적, 즉 수확이 반드시 정비례해서 오른다.
- 官不理(관불리) : 官은 관청, 관청에서 하는 일. 즉 행정이 어지러워진다는 뜻.
- 所求於天下者(소구어천하자) : 내 나라 아닌 다른 곳에서 얻고자 하는 물건.
- 爲之有道(위지유도) : 이와 같이 다스리는 것을 도(道)를 터득한 것이라 한다. 道는 진리, 원리, 원칙, 핵심.

* 관자(管子)는 중농주의자이자, 생산성을 높이 꼽는 실용주

의자였다. 농업사회에서는 농경생산의 바탕이 토지라고 하는 말은 너무나 당연하다. 동시에 관자는 정치의 평가는 종국적으로 생산성에 있다고 잘라 말했다. 모든 일이 잘 다스려지면 나라의 물자가 풍족하게 불어나고, 동시에 나라의 물자가 불은 것을 보면, 나라의 정치가 잘 다스려진 것을 알 수 있다고 했다. 한편 관자는 천기, 기상, 계절, 시간 같은 주어진 여건은 인간의 힘으로 어쩔 도리가 없으며, 이들 모두가 음양(陰陽) 이기(二氣)의 작용이니깐, 인간들은 이들을 따라 그 테두리 안에서 활용하여 생산고를 높여야 한다고 했다. 그러나 땅에 대하여는 인간이 온갖 예지와 정성과 노력을 기울여 잘 다스려야 한다고 주장했다. 즉 토지행정을 잘해야 한다. 토지행정을 잘한다는 것은 다름이 아니다. 지형이나 면적을 불문하고, 고르고 조화를 이룬 생산 수확을 기하는 것이다. 다시 말하면, 토지의 평가를 그 생산성으로 해야 한다는 주장이다. 이러한 생산성에 따른 토지평가는 중국의 전통이기도 하다. 손문의 삼민주의에 있어서도 지권평균(地權平均)이라 했고, 이러한 전통적 정책을 오늘의 중국이 잘 살리고 있다.

4. 작위(爵位)

벼슬과 계급을 논했다. 국가를 통치하기 위해서는 관

리가 있어야 한다. 이들 관리의 벼슬과 계급은 신중하게 내려야 한다.

1.

조정은 천하의 도의를 바르게 잡아주는 곳이다. 그런고로 벼슬과 계급을 올바르게 처리해야 하며, 그렇게 해야 인민들이 불평이나 원망을 하지 않는다. 인민들이 조정에 대하여 불만을 품지 않으면 나라가 흩어지지도 않으며, 그래야 도의가 바르게 잡힌다.

도의를 바로잡지 못하면 나라를 잘 다스릴 수가 없다. 따라서 도의는 절대로 바로 세워야 한다.

나라의 모든 사람들을 높은 벼슬자리에 올려 모실 수는 없다. 온 인민을 벼슬자리에 높이 올리면 막상 농업이나 상공 같은 실사(實事)를 처리할 사람이 없어서 여러 가지 일이 이루어질 수 없게 되며 나라가 실질적으로 손해를 입는다. 실사가 이루어지지 않으면 그만큼 나라가 불리하게 된다. 반대로 나라에 벼슬 높은 사람이 전혀 없고 보면 나라를 다스릴 사람이 없게 되며 결과적으로 인민들만으로서는 다스려 나갈 도리가 없게 된다.

그런고로 벼슬과 계급의 높고 낮음을 가려 관리를 임명할 때는 우선 선배, 후배의 서열과 고귀한 사람과 비천한 사람의 구분을 잘 알고 밝혀야 한다. 이렇게 해야 정치의 도를 터득한 것이라 하겠다.

朝者義之理也. 是故爵位正, 而民不怨. 民不怨則不亂, 然後義可理.

理不正則不可以治, 而不可不理也.

故一國之人, 不可以皆貴. 皆貴則事不成, 而國不利也.

爲事之不成, 國之不利也. 使無貴者, 則民不能自理也.

是故辨於爵列之尊卑, 則知先後之序, 貴賤之義矣. 爲之有道.

- 爵位(작위) : 벼슬과 계급.
- 皆貴則事不成(개귀직사불성) : 모든 국민을 다 높은 벼슬자리에 올려 앉히면 밑에서 농업, 공상(工商) 같은 실사(實事)를 할 사람이 없을 것이다.
- 使無貴者(사무귀자) : 귀한 사람, 즉 국정을 맡아 다스릴 고관을 없게 한다면. 使는 「만약」으로 풀어도 좋다.

*국가통치를 위해서는 통치를 보필할 관리들이 있어야 하며, 이들은 국가의 통치권을 부분적으로 행사하느니만큼 높은 벼슬과 계급을 차지하게 마련이다. 그러나 벼슬과 계급은 어디까지나 그들의 덕성(德性), 학식(學識), 능력(能力), 공업(功業)에 맞도록 주어져야 한다. 터무니없이 벼슬과 계급을 남발하고 악덕불능(惡德不能)한 자를 높은 자리에 앉히면 국민들이 불평하고, 원망하고 종국에 가서는 나라가 흩어지고 만다.

도시 한 나라의 정부는 사회의 정의(正義)와 질서(秩序) 및 도의(道義)를 바로잡고, 바르게 세우고, 바르게 다스려주는 기관이다. 그러므로 그 정부는 그들의 일꾼인 공무원, 관리들에게 바른 벼슬, 계급을 부여해야 한다. 이것이 사회질서와 정의와 도의의 올바른 실천이다.

다음으로 관자는 행정을 담당할 관리와 일반 국민들의 존재가치를 동시에 치켜세우고 있다. 온 국민이 다 고위고관(高位高官)이 되는 날, 그 나라의 생산(生產)을 맡을 일꾼이 없어, 그 나라는 쇠퇴한다고 밝혔다. 반대로 관리가 없으면 인민들의 질서와 정의를 다스릴 도리가 없을 거라고 했다. 생산을 담당하는 인민에게 불평불만을 안 주는 올바른 관리 임명을 논한 것이다.

5. 무시사(務市事)

관자의 시장론(市場論)이다. 시장을 보면 국민의 기풍이나 국민 생활 및 국가 재정의 상태를 알 수 있다고 간파했다.

1.

시장은 모든 상품의 가격이나 수요공급의 상황을 바로잡아주는 곳이다.

시중의 상품값이 싸면 모든 장사의 이득이 없을 것이며, 모든 장사의 이득이 없으면 모든 사람들이 장사를 안 하고 본업인 농사에 힘을 쓸 것이므로 만사가 다 잘 다스려진다. 만사가 다 잘 다스려지면 모든 면의 씀씀이가 절감된다.

하기는 모든 일은 사전의 치밀한 계획으로 시작되고 집중적인 노력으로 성취되며, 반대로 오만과 해이로서 망치게 되는 것이다. 다시 말하면, 치밀한 계획 없이는 시작도 없고 집중적인 노력이 없으면 성취도 없을 것이다. 그러나 오만이나 해이가 없다면 망치는 일도 없는 것이다.

결국 시장이란 거기에 나도는 상품이나 시세를 통하여 국가 정치의 다스려짐과 흩어짐을 알려주는 곳이라고도 하겠고, 또 동시에 거기에 나도는 상품이나 시세를 통하여 국가 경제의 부함과 가난함을 알려주는 곳이기도 하다. 그렇다고 시장이 제멋대로 상품의 다과를 조작하는 것은 아니다. 수요자인 국민에 따라 다과가 정해지는 것이다. 따라서 시장에 대한 행정을 잘하는 것이 정치의 도를 터득한 것이라 하는 것이다.

市者貨之準也. 是故百貨賤, 則百利不得. 百利不得, 則百事治.百事治, 則百用節矣.

是故事者生於慮, 成於務, 失於傲. 不慮則不生, 不務則不成, 不傲則不失.

故曰, 市者可以知治亂, 可以知多寡. 而不能爲多寡. 爲之有道.

- 百貨賤(백화천) : 모든 상품의 값이 싸다.
- 慮(려) : 계획, 신중한 고려와 설계.
- 務(무) : 집중적인 노력.
- 傲(오) : 거만. 정신적 이완(弛緩), 해이(解弛).
- 市者可以知治亂(시자가이지치란) : 시장에 나도는 물건에 사

치품이 많으면 국민의 기풍이 사치에 흘렀으므로 그 나라는 흩어지고 쇠망할 것이며, 시중에 나도는 물건들이 건실 소박하면 그 국민들도 건실 소박한 기풍에 젖은 것이니까 나라도 잘 다스려질 것이다.

• 知多寡(지다과) : 시중의 물품으로, 나라의 재정상태가 부하냐 가난하냐도 알 수 있다.

* 관자의 시장론(市場論 · 마켓論)이라 하겠다. 우선 중농주의자(重農主義者)인 그는 앞에서 사치스런 기물(器物)이나 장식용 공예품을 배격함과 아울러 상업보다는 농업에 힘을 씀으로써 국가의 제반사가 안정되고, 동시에 절약과 검소한 경제생활을 이룩할 수 있다고 믿고 있음에 주목해야 한다. 이것이 「상업 이득이 없으면 백사가 잘 다스려진다.(百利不得, 則百事治.)」로 나타났다.

다음으로 국가의 부강이나 국가 재정의 안정은 어디까지나 깊은 생각, 치밀한 계획, 집중적인 노력의 성과로 얻어지는 것이며, 반대로 만족, 오만, 해이한 생활태도로 낭비나 사치에 빠질 때 파탄이 날 것이라고 경고했다. 그러고 나서 관자는 「시장으로써 국가의 치란도 알 수 있고, 국가 재정의 다과도 알 수 있다.(市者可以知治亂, 可以知多寡.)」라고 했다. 즉 시장은 국민 경제를 그대로 반영하는 곳이다. 국민이 사치성 소비에 빠졌을 때는 시장에는 사치품이 범람할 것이며, 국민의 기풍이 건실과 소박 및 실용에 기울었을 때는 시장의 상품들도 실용적이고 견고한 물건이 많을 것이다. 일반 국민 생활이 부유하면 시장의 물품도 풍족하게 나돌 것이며, 국민 생활이 메마르면 시장의 물품도 바닥이 날 것이다. 시장은 어디까지나 국민 생활을 반영하는 것이지, 독자적으로 물품의 다과를 결정짓지 못한다고 그는 「而不能爲多寡」라 못을 박았다.

시장을 관찰함으로써 국민의 기풍이나 국민 생활 및 국가 재정의 상태를 측정할 수 있다고 내다본 관자의 시장론은 수천 년의 낡은 이론이라고 하기에는 매우 현대적인 뜻이 깊다고 하겠다. 특히 원시적이나마 「경제계획」을 드러냈음은 특이하다.

6. 사농공상(士農工商)

제5편 승마편(乘馬篇) 중에서도 「사농공상」이 가장 길고 가장 복잡하며, 그 논지(論旨)가 일정하지 않다. 따라서 「사농공상」이라는 소제(小題)도 명확치 않다. 이 책에서는 대략 일곱 개의 단절로 나누었다. (1) 황금, 즉 돈과 물자와의 관계 및 국가 재정을 논했다. (2) 나라의 규모와 군비의 관계를 논했다. (3) 생산실수(生産實收)를 바탕으로 한 지균(地均)의 토지평가(土地評價)를 논했다. (4) 지방의 행정구획, 도읍의 가구제도, 농촌의 토지 및 군비

제도를 숫자적으로 제시했다. (5) 시장에서의 상업(商業)에 대한 조세(租稅)를 설명했다. 즉 영업세, 소득세, 물품세 같은 것을 규정했다. (6) 농지에 대한 조세(租稅), 그 바탕이 되는 토지평가의 정확 등을 기하고자 했다. (7) 선비(士), 상인(賈), 공인(工)들의 성실한 봉사와 농민들에 대한 적절한 교도를 논했다. 아마 이 마지막 단절에서 전체를 「사농공상」이라고 했을 것이다.

1.

황금, 즉 돈은 모든 국가 용도의 척도이다.

돈, 즉 화폐의 원리를 잘 알아야 비로소 국가 재정의 낭비, 사치 또는 긴축, 절약을 가려 집행할 줄 알게 된다.

지나치게 긴축, 절약을 하면 사업 완수에 차질이 생기게 되고, 반대로 낭비, 사치를 하면 물자의 가치를 떨어뜨리게 된다. 긴축, 절약을 하면 돈의 값이 천해지고, 돈의 값이 천하면 일을 이룩할 수가 없으니 결국 일을 다치게 되며, 반대로 낭비, 사치를 하면 돈이 귀하게 되고, 돈이 귀하면 물자의 값이 떨어지며, 결과적으로 물자를 손상케 한다.

물자가 다 없어진 뒤에 부족하다는 것을 안다면, 이는 물자의 수요량을 모른 것이며, 일을 다 끝냈는데도 돈이 남아 있다면, 이는 비용 조절을 할 줄 모르는 처사라 하겠다. 물자의 수요량을 모르거나 비용 조절을 하지 못하는 처사를 이른바 정치의 도리를 터득하지 못한 짓이라 한다.

黃金者用之量也.

辨於英金之理, 則知侈儉. 知侈儉, 則百用節矣.

故儉則傷事, 侈則傷貨. 儉則金賤, 金賤則事不成, 故傷事. 侈則金貴, 金貴則貨賤, 故傷貨.

貨盡而後知不足, 是不知量也. 事已而後知貨之有餘, 是不知節也. 不知量, 不知節, 不可謂之有道.

- 黃金者(황금자) : 황금의 돈. 오늘날 우리가 말하는 화폐(貨幣)라고 풀어도 좋다.
- 用之量(용지량) : 用은 모든 경제유통이나 동태, 또는 국가 용도, 비용 지출 등 소비 사용을 말한다. 量은 척도(尺度), 분량(分量)의 뜻.
- 侈儉(치검) : 사치와 절검(節儉).
- 百用節(백용절) : 모든 국가의 용도나 비용 지출을 절약 또는

조절한다.

• 金貴則貨賤(금귀칙화천) : 돈이 귀하면 물자가 천하다. 돈과 상품의 값이 상대적임을 말했다.

* 황금(黃金)은 돈이자 화폐이자 모든 사업의 자금이며, 국가 재정의 알맹이며, 동시에 국가 지출 비용의 척도이기도 하다. 화(貨)는 상품이자 물자이자, 모든 국가사업의 재료이다. 이것이 없으면 국가 건설을 이룩할 수가 없다. 관자는 짧은 글에서 국가 재원과 건설 물자와 국가사업의 상관관계를 명석하게 논하고 아울러 이 삼자 간의 밸런스를 강조했다. 돈을 사치와 낭비에 탕진하면 국가 재원이 고갈되고 돈이 귀하게 된다. 즉 디플레이션이 되고 따라서 물자가 폭락하고 생산이 위축된다. 반대로 지나치게 긴축, 절약 정책을 써서 국민 생활에 윤기가 없고 소비가 위축되면 돈을 가져도 쓸 데가 없게 되므로 자연히 돈의 가치가 떨어지게 마련이다. 그렇게 되면 국가적으로 자금을 풀어 사업을 하려고 해도 할 수가 없게 된다. 따라서 국가 재정의 집행이나 정책은 물자의 수요량이나 자본의 조절 등을 균형 있게 조화시켜서 지나치게 긴축, 절약도 아니고, 또 분에 넘게 낭비, 사치도 아닌 적정선(適正線)에서 이루어져야 한다고 주장했다. 근대적인 면에서 화폐, 생산, 물자, 건설, 수요, 공급의 관계를 관자의 원칙적인 이론에 비추어 풀어도 크게 어

긋나지 않을 것이다.

2.

이 세상에서 말을 타거나 소를 부리거나 할 때도 그들 동물에게 지워주는 짐이나 일의 한도나 규제가 있게 마련이며, 또한 그들에게 지워준 짐의 경중에 따라 하루의 행정도 정해지며, 또한 행로(行路)의 원근(遠近)도 숫자적으로 나타나게 마련이다.

이와 같은 이유로써 우리는 제후의 나라에서는 전차(戰車) 천 대의 군비를 갖춘다는 것을 알 수 있다. 즉 제후의 나라의 판도의 크기나, 그 나라의 부담능력의 한계를 가지고 전차 천 대의 군비를 갖추어야 한다는 것을 알 수 있다.

짐이 무겁다고 나중에 짐을 던다면, 이는 애초에 부담능력을 모른 소행이고, 짐이 가볍다고 나중에 다시 더 더한다면, 이는 애초에 바탕의 크기를 몰랐던 탓이라 하겠다. 그렇듯 한 나라의 군비에 있어서도 처음에 작게 했다가 늘인다거나, 또는 반대로 처음에 확장했다가 뒤에 축소하는 일이 있어서는 안 된다.

부담능력과 그릇의 크기를 모른다면, 이는 정치의 도를 터득한 것이라 말할 수 없다.

天下乘馬服牛, 而任之輕重有制, 有壹宿之行, 道之遠近有數矣.

是知諸侯之地, 千侯之國, 所以知地之小大也. 所以知任之輕重也.

重而後損之, 是不知任也. 輕而後益之, 是不知器也.

不知任, 不知器, 不可謂之有道.

- 天下(천하) : 이 세상이란, 정도의 뜻으로 가볍게 풀어도 좋다.
- 乘馬服牛(승마복우) : 말을 타고 소를 부리다. 말이나 소를 타거나 짐을 싣거나 또는 노역에 부린다는 뜻.
- 任之輕重(임지경중) : 任은 일을 부가하다, 짐을 지우다. 之는 소나 말. 즉 소나 말에게 짐을 지우거나 그들을 부리는 데도 짐의 무게나 힘의 한도에 따라 경중(輕重) 있게 한다.
- 有制(유제) : 제한이 있다, 규제가 있다, 표준이 있다.
- 有壹宿之行(유일숙지행) : 하루의 행정(行程)이 있다. 즉 가벼운 짐을 졌으면 하루의 행정 거리를 멀리 잡아도 좋겠으나 짐이 무거우면 행정 거리도 단축되게 마련이다.

*관자의 군비론(軍備論)으로 특히 그 기준을 논했다. 즉 한 나라의 군비와 대소는 그 나라의 부담능력과 필요에 따라야 한다. 소나 말에 짐을 싣고 길을 가는 경우에 비유하여 군비의 기준을 말했다. 그 나라의 판도, 물자의 유무 등 부담능력을 고려하고 그에 맞는 군비를 해야 한다고 주장했다. 매우 합리적인 주장을 매우 재미있는 비유로 했다.

3.

식량생산이 불가능한 땅이나 나무가 없는 산은 단위면적 백을 가지고 개간된 전답 하나에 해당시킨다. 메마른 늪은 백을 가지고 하나로 친다. 초목이 나지 않는 땅도 백을 가지고 하나에 해당시킨다. 가시덤불이 우거져 사람들이 들어갈 수 없는 곳도 백을 가지고 하나로 친다.

숲으로서 낫으로 짤라 묶을 수 있는 곳은 단위면적 아홉 개를 가지고 개간된 전답 하나에 해당시킨다. 마을 근처에 있는 작은 산으로 그 산의 나무를 재목이나 차축으로 쓸 수 있고, 사람이 들어가 도끼로 베어낼 수 있는 곳도 아홉 개를 하나로 친다.

큰 산으로 그 산의 나무를 관재(棺材)나 수레로 쓸 수 있고, 사람들이 들어가 도끼로 베어낼 수 있는 곳은 열 개를 가지고 하나로 친다.

강이나 내로 그물을 가지고 물고기를 잡을 수 있는 곳은 단위면적 다섯 개를 가지고 개간된 전답 하나에 해당시킨다.

삼림으로서 그 속의 나무들을 관재나 수레로 쓸 수 있으며, 사람들이 들어가 도끼로 베어낼 수 있는 곳도 다섯 개를 가지고 하나로 친다. 호택(湖澤)으로 그물로 고기를 잡을 수 있는 곳이면 다섯 개를 가지고 하나로 친다.

이러한 토지의 평가 방법을 「지균(地均)」이라 하고 실질적인 생산량을 가지고 평가를 하는 것이다.

地之不可食者, 山之無木者, 百而當一. 涸澤百而當一.

地之無草木者, 百而當一. 樊棘雜處, 民不得入焉, 百而當一.

藪鎌纏得入焉, 九而當一. 蔓山其木可以爲材, 可以爲軸, 斤斧得入焉, 九而當一.

汎山其木可以爲棺, 可以爲車, 斤斧得入焉, 十而當一.

流水網罟得入焉, 五而當一. 林其木可以爲棺, 可以爲車, 斤斧得入焉, 五而當一. 澤網罟得入豈, 五而當一.

命之曰地均, 以實數.

- 地之不可食者(지지불가식자) : 식량생산을 할 수 없는 토지.
- 百而當一(백이당일) : 단위면적 백 개를 단위면적 하나로 친다. 當은 해당시킨다. 예를 들면, 황무지 백 평을 식량생산이 되는 전답 한 평에 해당시킨다는 뜻.
- 涸澤(학택) : 메마른 늪.
- 樊棘雜處(번극잡처) : 가시덤불이 엉킨 곳.
- 民不得入焉(민부득입언) : 사람들이 들어가지 못하다. 焉은 어조사, 별로 뜻이 없다.
- 藪(수) : 숲, 늪의 숲(澤藪).
- 鎌纏(겸전) : 鎌은 낫, 纏은 묶는 끈. 즉 낫으로 베어 묶어낼 수 있는 숲이란 뜻.
- 蔓山(만산) : 마을 가까이에 있는 지맥(支脈)에 붙은 작은 산.
- 軸(축) : 굴대.
- 斤斧(근부) : 작은 도끼, 큰 도끼.
- 汎山(범산) : 큰 산.
- 流水(유수) : 강이나 내.
- 網罟(망고) : 그물. 網이나 罟나 모두 그물의 뜻이다.
- 命之曰地均(명지왈지균) : 命은 名과 통한다. 이러한 것을 일컬어 지균(地均)이라 한다. 地均이란 앞서 음양(陰陽)에서 말하듯 토지의 평가를 생산고를 가지고 공평 균평 있게 하는

것을 말한다.

• 以實數(이실수) : 생산 실수, 즉 실질적인 생산량을 가지고 헤아린다. 즉 평가한다.

*관자의 토지평가법(土地評價法)을 논한 것이다. 모든 토지는 넓이나 지형, 지세 또는 종목에 불문하고 저마다의 실질적인 생산성과 실수익(實收益)에 따라 평가를 해야 한다고 주장하며, 이를 토지평가의 평균이자 균형이라는 뜻으로 「지균(地均)」이라 했다. 관자의 이 주장은 중국의 전통적 토지평가법이 되었으며 손문(孫文)도 이 전통을 활용했다.

4.

사방 육리(六里)를 폭(暴)이라 부르고, 폭을 다섯 개 합쳐 부(部)라 부르고, 부를 다섯 개 합쳐 취(聚)라고 부른다. 취에는 장을 둔다. 장이 없으면 인민들이 생활에서 결핍을 느낀다. 취를 다섯 개 합쳐 아무개 향(鄕)이라고 이름 짓고, 향을 네 개 합쳐 방(方)이라 부른다. 이것이 지방의 행정구획에 대한 관제(官制)다.

이러한 행정구획을 정하고 나서 다시 마을의 가구(家口) 제도(制度)를 수립한다. 다섯 개의 가호(家戶)를 합쳐

오(伍)라 하고, 열 개의 가호를 합쳐 연(連)이라 하고, 연을 다섯 개 합치면 폭이 되고, 폭을 다섯 개 합쳐서 장(長)을 두며, 이를 아무개 향이라고 부른다. 향을 넷 합쳐 도(都)라 부른다. 이상이 마을의 가구 제도에 대한 제도이다.

마을의 가구 제도를 확립하고 나면 토지제도를 수립한다. 네 개의 취(聚)를 하나의 이(離)로 하고, 다섯 개의 이를 하나의 제(制)로 하고, 다섯 개의 제를 하나의 전(田)이라 하며, 두 개의 전을 하나의 부(夫)라 하고, 세 개의 부를 하나의 가(家)라 한다. 이것이 토지제도이다.

토지제도를 정하고 나면 군비 제도를 정한다. 사방 6리의 단위면적에서 전차 한 대를 차출한다. 한 대의 전차에는 4마리의 말이 딸리며, 말 한 마리당 무장한 병사 일곱 명, 조종과 방호를 하는 사람이 다섯 명이 따르며,네 마리의 말이 끄는 전차 한 대당 무장한 병사가 28명과 조종과 방호하는 사람이 20명, 그리고 맨손으로 따른 정비원 30명이 있어 수레를 받든다. 이것이 군비 제도다.

군비 제도와 토지제도의 관계는 다음과 같다. 사방 6리의 단위면적이 전차 한 대를 차출하는 넓이의 토지이며, 사방 1리의 땅은 바로 구부(九夫), 즉 남자 9명이 경작하는 밭이다. 황금 20량, 즉 1일(一鎰)은 전차 백 대의 군사나 군마가 하루 묵는 비용이다. 황금이 없으면 명주로 대용하되 곱게 짠 명주 33제(制)는 1일(一鎰)에 해당되며, 명주가 없으면 무명으로 대용하되 햇볕에 바랜 무명 백량(百兩)을 1일에 해당시킨다. 황금 1일, 즉 20량은 전차 백 대를 하루 묵히는 데 소요되는 비용의 단위다.

方六里命之曰暴. 五暴命之曰部. 五部命之曰聚. 聚者有市. 無市則民乏. 五聚命之曰某鄕. 四鄕命之曰方. 官制也.

官成而立邑, 五家而伍, 十家而連, 五連而暴, 五暴而長, 命之曰某鄕. 四鄕命之曰都. 邑制也.

邑成而制事. 四聚爲一離. 五離爲一制. 五制爲一田. 二田爲一夫. 三夫爲一家. 事制也.

事成而制器. 方六里爲一乘之地也. 一乘者四馬也. 一馬其甲七, 其蔽五. 四乘其甲二十有八. 其蔽二十, 白徒三十人, 奉車兩. 器制也.

方六里一乘之地也. 方一里九夫之田也. 黃金一鎰, 百乘一宿之盡也. 無金則用其絹. 季絹三十三制, 當一鎰. 無絹則用其布. 經暴布百兩當一鎰. 一鎰之金食百乘之一宿.

- 民乏(민핍) : 인민들이 생활에 결핍을 느낀다는 뜻.
- 某鄕(모향) : 무슨 무슨 향이라 한다.
- 制事(제사) : 여기서는 토지제도를 정하는 것을 가리킨다.
- 制器(제기) : 器는 병기(兵器), 즉 군비(軍備)를 가리킨다. 즉 병제(兵制)를 정한다.
- 甲(갑) : 무장한 병사.
- 蔽(폐) : 전차를 부리거나 보호하는 병사.
- 四乘(사승) : 사마(四馬)의 오기일 것이다.
- 白徒(백도) : 무기를 지니지 않는 종속 인원. 오늘날의 정비원이나 보조원이라고 할 수 있다.
- 奉車兩(봉차량) : 車兩은 車輛, 전차에 딸린 수레들을 부린다.
- 鎰(일) : 20량.
- 一宿之盡(일숙지진) : 하루의 비용. 盡은 贐(신)과 통한다.
- 季絹(계견) : 季는 小, 즉 곱게 짠 명주 비단.
- 制(제) : 일장(丈) 여덟 자(尺).
- 經暴布(경폭포) : 여러 날 햇볕에 바랜 무명. 暴은 曝에 통한다.

* 지방의 행정구획, 도읍(都邑)의 가구 제도, 농촌의 토지제도 및 군비 제도를 숫자적으로 제시했다.

① 지방의 행정구획은 다음과 같다. 폭(暴)은 사방 육리(六

里), 부(部)는 오폭(五暴), 취(聚)는 오부(五部), 향(鄕)은 오취(五聚), 방(方)은 사향(四鄕). 도표를 그리면 아래와 같이 된다.

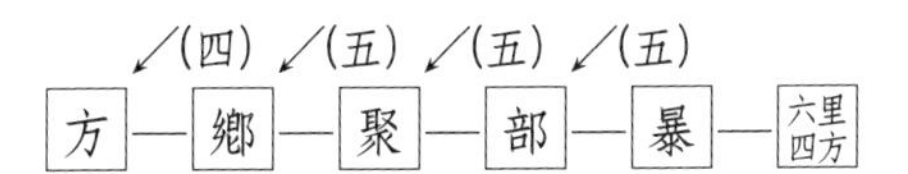

② 도읍의 가구 제도도 도시하면 다음과 같이 된다.

都	鄕	暴	連	伍	家
四鄕	五暴	五連	十家	五家	

③ 농촌의 토지제도도 도시하면 다음과 같이 된다.

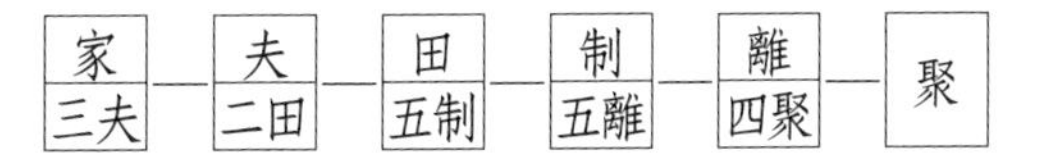

이전(二田)을 일부(一夫)라고 하는데, 일부는 남자 한 사람이 경작하는 면적의 뜻도 있다. 즉 백무(百畝)에 해당한다.

④ 군비 제도는 주로 전차 한 대에 대한 설명이다.

(1) 전차 한 대를 일승(一乘)이라 하고, 이를 육리(六里) 사방의 행정구획, 즉 지방의 폭(暴)에서 한 대씩 차출하게 되어 있다.

(2) 일승(一乘)의 군마나 병력 및 인원의 배치는 다음과 같다.

군마(軍馬)…4필, 조종과 방호 인원…20명, 무장한 병사…28명, 정비 인원…30명.

⑤ 군비를 유지하는 경상비의 비율은 다음과 같다.

(1) 전차 백 대, 즉 백승(百乘)의 군마, 병사 및 부속 인원이 하루에 필요로 하는 비용은 황금 20량, 즉 1일(一鎰)이다.

(2) 이 돈을 다른 물자로 환산하여 다음과 같은 비례로 충당 대용하기도 한다.

명주…33제(制), 1제는 1장(丈)8척(尺), 무명…백 량(兩), 량은 필(匹)과 같음.

5.

사방 6리의 면적 단위를 사(社)라고 부르고, 그 중앙에 있는 마을을 앙(央)이라고 하며, 그곳에는 시장이 있다. 시장이 없으면 인민들이 생활함에 결핍을 느낀다.

시장이 있는 땅에서는 육보(六步)마다 한 말의 곡물을 조세로 거두며, 이를 중세(中歲)라고 한다. 또 관문의 통행세와 시장의 영업세도 부과한다.

영업소득에 대해서는 황금 백일(鎰)에 대하여 1일, 즉 20량을 소득세로 걷는다. 물품세는 곡물 한 광주리 물품에 대하여 열 상자를 걷는다. 상인들에 대한 영업세는 시장을 경영하는 30명을 단위로 정월과 12월에 황금 1일, 즉 20량을 거두며, 이를 정세(正稅)라고 한다.

춘분에는 서비(書比)라 하여 모든 물가의 변동을 기록 비교하고, 입하에는 월정(月程)이라고 하여 월별 통계를 내며, 입추에는 대계(大稽)라 하여 일 년의 총 계산을 내고, 이에 따라 세액(稅額)을 책정하여 모든 상인들에 대한 이득과 손실의 총 계산을 한다.

方六里, 名六曰社. 有邑焉, 名之曰央. 有市, 無市則民乏矣.

所市之地, 六步一斗, 命之曰中歲. 亦有關市之賦. 黃金百鎰爲一篋. 其貨, 一穀籠爲十篋. 其商, 苟在市者三十人, 其正月十二月黃金一鎰, 命之曰正.

分春曰書比, 立夏曰月程, 秋曰大稽, 與民數得亡.

- 央(앙) : 가운데란 뜻에서 이름을 지었을 것이다.
- 六步一斗(육보일두) : 斗는 斗, 즉 말이다. 시(市)가 있는 곳에는 여섯 발(六步)마다 조세(租稅)로 한 말을 걷는다.
- 中歲(중세) : 원래는 평년작(平年作)이라는 뜻이다. 이를 조세의 일종의 이름으로 썼다.
- 關市之賦(관시지부) : 관문을 통과하는 통행세(通行稅)와 시장에 대한 영업세(營業稅)도 부과한다.
- 篋(협) : 상자. 황금 백일(鎰)에 대한 관시의 세금, 즉 소득세로 한 상자의 황금을 거둔다는 뜻.
- 一穀籠爲十篋(일곡농위십협) : 물품에 대해서는 곡물 한 광주리 물품에 대하여 열 상자를 걷는다.
- 苟(구) : 진실로, 다만. 여기서는 별 뜻이 없다.

• 在市者三十人(재시자삼십인) : 시장에서 영업을 하는 30명을 한 단위로 정월과 12월에 황금 1일, 즉 20량을 「정(正)」, 즉 정세(正稅)란 세명(稅名)으로 거둔다.
• 分春(분춘) : 춘분.
• 書比(서비) : 모든 물가의 고하(高下)를 비교하여 기록한다는 뜻에서 서비라 한다.
• 月程(월정) : 월별(月別)로 물가를 집계하므로 월정이라 한다.
• 大稽(대계) : 稽는 계산한다는 뜻. 즉 춘하추(春夏秋) 세 계절의 영업을 계정하여 세액(稅額)을 책정한다는 뜻에서 대계라 한다.
• 與民數得亡(여민수득망) : 백성, 즉 상인들을 위하여 이득과 손실을 계산해 준다.

* 사방 6리를 면적 단위로 한 사(社)의 중심부인 앙(央)에 있는 시장에 대한 제반 조세(租稅)를 규정한 것이다. 즉 영업세, 소득세, 물품세 등과 아울러 조세부과의 시기를 규정했다.

6.

〈토지에 대한 조세를 공평하게 하기 위하여 다음 같이 한다.〉

3년에 한 번씩 토지의 면적을 새로 측정하고, 5년에 한 번씩 경계선을 다시 조정하여 정하고, 10년에 한 번씩 토지에 대한 조세법이나 운영제도를 전면적으로 갱신한다. 이렇게 하여 토지에 대한 조세를 바로잡는다.

〈토지평가의 균등, 즉 지균(地均)을 실천하기 위하여 다음과 같이 한다.〉

열 길을 파야 물이 나오는 땅은 홍수가 나도 물이 괴지 않는 땅일 것이며, 다섯 자를 파도 물이 나오는 땅은 가물어도 아주 말라붙지 않는 땅일 것이다. 〈이러한 땅들은 비교적 쓸모 있는 땅들이라 그 평가를 같이 해도 무방할 것이다.〉〈그러나 다음과 같이 못쓸 땅들에 대해서는 차이를 두어야 한다.〉

11길을 파야 겨우 물이 보이는 땅에 대해서는 조세를 경감해 주되, 10분의 2나 3, 즉 2, 3할을 감한다. 12길을 파야 물이 보이는 땅에 대해서는 3, 4할을 감하고, 14길을 파야 하는 땅에 대해서는 4할을 감하고, 15길을 파야 하는 땅에 대해서는 5할을 감해준다. 이러한 땅은 산과 비겨 같은 땅으로 간주한다.〈이상은 고지나 메마른 땅에 대한 감면 제도이다.〉

다섯 자를 파도 물이 나오는 땅에 대해서는 조세를 10분의 1, 즉 1할을 경감해 준다. 네 자를 파도 물이 나오는 땅에 대해서는 3할을 감해주고, 석 자를 파도 물이 나오는 땅에 대해서는 2할을 감해준다. 두 자를 파도 물이 나오는 땅은 늪과 같은 땅이라고 간주할 수 있다. 〈경감하는 비율에 모순이 있는 것 같다. 아마도 본문의 숫자 표기가 잘못된 것이 아닐까? 해설 참조.〉

〈부역(賦役)은 다음과 같이 시행한다.〉

국도의 성문 밖으로부터 사방의 국경 끝에 이르기까지, 즉 전국의 모든 남자에 대해서는 부역을 부과한다. 성년된 남자에게는 보습 두 개를 갖게 하고, 15세의 소년들에게는 보습 하나를 갖게 하여 1년에 사흘 동안의 부역을 부과한다.

〈공전(公田)에 대한 농경의 시기는 다음과 같다.〉

정월이 되면 농민들에게 비로소 공전에 대한 작업 복무를 시작하게 한다. 농경에 있어서는 눈이 녹을 때가 되면 경작을 시작하고 김매는 일을 끝낸다. 〈원문에 탈락이 있을 것이다.〉

三歲修封, 五歲修界, 十歲更制, 經正也.

十仞見水, 不大潦. 五尺見水, 不大旱. 十一仞見水, 輕征, 十分去二三. 二則去三四. 四則去四. 五則去半, 比之於山.

五尺見水, 十分去一. 四則去三. 三則去二. 二則去一.

二尺而見水, 比之於澤.

距國門以外, 窮四竟之內, 丈夫二犁, 童五尺一犁, 以爲三日之功.

正月令農始作服于公田. 農耕, 及雪釋, 耕始焉, 芸卒焉.

- 三歲修封(삼세수봉) : 3년마다 토지의 면적을 새로 측정한다. 封은 경계, 넓이. 修는 정비한다.
- 修界(수계) : 경계선을 재조정하거나 다시 설정하여 확실하게 바로잡는다.
- 更制(갱제) : 전지(田地)에 대한 조세(租稅)의 제도를 대폭 갱신한다.
- 十仞見水(십인견수) : 열 길을 파야 물이 나오는 땅.
- 不大潦(부대료) : 그런 땅에는 크게 물이 괴지 않는다. 즉 홍수가 나거나 습하지 않다는 뜻.
- 不大旱(부대한) : 크게 메마르지 않는다. 비가 안 와도 물이 마르지 않는다는 뜻.
- 輕征(경정) : 征은 세금 징수. 즉 세금을 경감한다.
- 十分去二三(십분거이삼) : 10분의 2나 3을 면제한다. 즉 2, 3할을 감한다.
- 二則去三四(이직거삼사) : 2는 12仞의 약. 즉 12길이나 파야

물이 나올 땅에 대해서는 3, 4할의 지세(地稅)를 감해준다.

- 四則去四(사직거사) : 14길을 파야 물이 나올 땅에 대해서는 4할을 감해준다.
- 比之於山(비지어산) : 15길이나 파야 물이 나오는 그런 땅은 산지(山地)에 비겨본다는 뜻.
- 五尺見水, 十分去一(오척견수, 십분거일) : 가물었을 때 다섯 자를 파야 물이 나오는 땅은 1할을 감세한다.
- 比之於澤(비지어택) : 두 자만 파도 물이 나오는 땅은 습하고, 얕은 땅이라 늪과 비겨본다.
- 距國門以外, 窮四竟之內(거국문이외, 궁사경지내) : 竟은 境. 국도(國都)의 성문 밖에서부터 사방 국경 안 어느 곳이 나의 뜻. 즉 전국 내의 사람들은 부역(賦役)을 담당해야 한다는 뜻.
- 丈夫二犂(장부이리) : 犂는 보습. 성년 남자에게는 1년에 3일간 보습 두 개를 가지고 할 만한 부역(賦役)을 시킨다.
- 童五尺(동오척) : 15살 된 남자아이.
- 令農始作服于公田(영농시작복우공전) : 정월에 비로소 농민들로 하여금 공전(公田)에 대한 작업을 시작하도록 한다.
- 及雪釋(급설석) : 눈이 녹을 때가 되자.
- 芸卒(운졸) : 芸은 耘(운). 김을 매다. 卒은 끝나다.

* 조세(租稅) 및 부역(賦役)에 대하여 다음과 같은 항목별로 논했다. ① 토지에 대한 조세를 공평하게 하기 위하여 토지면적

및 생산평가를 균등하게 해야 한다. 그러기 위해서는 시기적으로 재평가, 재정비 및 제도의 개혁이 불가피하다. ② 토지의 평가는 지질(地質), 특히 물과 땅의 관계에서 이루어져야 한다. 늪같이 지나치게 습한 땅이나, 산같이 지나치게 건조한 땅에 대해서는 그 생산성을 감안해야 할 것이므로 조세도 경감해야 한다. 원문 「五尺見水, 十分去一. 四則去三. 三則去二. 二則去一.」은 납득이 안 간다. 「四則去二. 三則去三. 二則去四.」로 고쳐보는 것이 좋다고 하는 설도 있으나 이런 설에도 문제가 남는다. ③ 전국의 남자에게 부과하는 부역은 성인된 남자에게는 2, 15살 된 소년에게는 1의 비율로 1년에 사흘간을 부과한다. ④ 공전과 농경에 대한 지시다. 단 「及雪釋, 耕始焉」은 알겠으나 「芸卒焉」 앞에 어떠한 시기를 언급한 말이 혹 빠진 것이 아닐까 하는 의문도 든다. 빠진 게 없다면 「농사일은 김매는 것으로 끝난다.」라고 풀어야 하는데, 이는 납득이 안 간다.

7.

견문이 있고, 박학다식하고, 머리가 명석하고, 정신이 투철한 선비라 하더라도 직접 임금 밑에서 보필하는 신하가 되지 않으면, 그때그때의 공적에 대한 보수는 주되 항구적인 직분이나 봉록을 주지는 않는다.

상인으로서 물품의 값이나 시세 변동을 잘 알고 매일 같이 시장에서 일을 하는 사람일지라도, 그가 직접 조정에서 일하는 상무관이 아니라면, 그때그때의 공적에 대하여 보수는 주되 항구적인 직분이나 봉록을 주지는 않는다.

공예기술자는 원래 기물 공예품의 형상이나 기능을 받아서 결정하고 제작하는 사람이다. 이들이 날로 제작소나 시장에서 일을 한다 하더라도 직접 조종에 소속된 관공(官工)이 아니라면, 그때그때의 공적에 대하여 보수는 주되 항구적인 직분이나 봉록을 주지는 않는다. 뿐만 이 아니라 이들 민간의 공예기술자들이 만든 공예품 중에 쓸 수 없는 것이 있으면, 그 규격이나 실용도에서 어긋나고 이탈된 비례에 따라 벌로써 곡물을 바치게 한다.

이와 같은 이치로써 교육에 있어서도 슬기로운 사람은 깨우치지만, 어리석은 사람을 깨우치지 못하는 그러한 사람은 일반 백성들을 가르치지 못하게 하며, 한편 기술교육에 있어서도 재주 있는 사람은 능히 기술 습득을 하지만, 무딘 사람에게는 기술 습득을 못 시키는 그런 기술 교육자는 일반 사람에 대한 기술교육을 하지 못하게 한다.

영은 한번 내림으로써 온 백성이 좇아 준수해야 하며, 그렇지 못할 때는 크게 좋은 영이라고 할 수 없다. 또한 한 가지 기술이 있다 치고 모든 사람들이 다 익혀 가지고 실용할 수 있는 것이 아니면 국가적으론 크게 공능적인 것이라 할 수 없다. 이와 같이 참으로 성실한 상인이 아니면 상업으로 밥 먹고 살 수가 없고, 참으로 성실한 기능공이 아니면 기능으로 밥 먹고 살 수가 없고, 참으로 성실한 농부가 아니면 농사로 밥 먹고 살 수가 없으며, 참으로 신의를 지키는 선비가 아니면 조정에 올라 관리가 될 수가 없는 것이다.

따라서 아무리 조정에 벼슬자리가 비어 있다 하더라도 함부로 아무나 관리가 되겠다고 나설 수가 없는 노릇이며, 임금이 자기 신분에 맞게 진귀한 수레나 갑옷 같은 기물복식을 갖춘다 하더라도 신분이 다른 일반 백성들이 감히 그런 것들을 갖겠다고 하지 못하는 법이다.

임금이 국가의 정사를 시행하게 되면, 그 일을 보필할 신하들은 절대로 자기가 할 수 없는 일을 능히 한다고 거짓말을 해서는 안 된다. 〈제 힘껏 보필해라.〉 임금은 신하를 잘 이해하고, 신하도 임금이 자기를 잘 이해하고 있다는 것을 알아야 한다. 그렇게 되면 신하는 자기의 전력을 다할 것이며, 자기의 정성을 송두리째 바칠 것이다.

농경에 있어 백성들에게 농지경작을 균등히 구분하고 노동인력을 적절히 분배하라고 가르치는데, 이는 백성들에게 시간적 한계와 효율을 알려주기 위한 것이다. 이런 것을 가르쳐주어야 백성들이 시간의 이름과 늦음을 알게 되고, 또한 농사를 짓는 데 있어 날짜나 달수의 시간적 여유 또는 부족을 계산하게 되고 또는 배고픔이나 추위에 대한 대책을 강구할 줄 알게 된다. 이렇게 되면 백성들은 일일의 생활을 하는데, 밤에는 자고 새벽에는 일어나 일하게 되며, 부자형제 온 집안의 일꾼들이 적절히 일을 하고 저마다의 직분 공적을 잘 알아 언제까지나 물리지 않고 일하며 아울러 힘들여 노동하는 것을 기피하지 않게 된다.

이와 반대로 만약 농지를 구분하여 경작하지 않거나 노동인력을 안분하게 배치하지 않으면 결과적으로 토지의 생산을 충분히 거두지 못하고, 인간의 힘도 완전히 활용하지 못하게 된다. 또한 시간적으로나 효율적인 한계와 적의(適宜)를 가르쳐주지 않으면 백성들 자신으로는 알 도리가 없게 될 것이며, 올바른 농사법을 가지고 지도하지 않으면 백성들은 바르게 농사를 짓지 못할 것이며,

수확을 기다려 적절한 조세를 매겨 백성들과 같이 알맞게 재물을 나눈다면, 백성들은 나라에 조세를 바치는 것이 옳다는 것을 알게 될 것이다. 또한 노동력을 안배 분담시키는 데도 신중하게 하면, 모든 백성들이 저마다의 능력을 충분히 발휘하게 될 것이며, 그렇게 되면 결과적으로 백성들을 강제로 동원하지 않아도 저마다의 직분과 능력을 잊지 않고 이바지할 것이다.

士聞見博學意察, 而不爲君臣者, 與功而不與分焉, 賈知賈之貴賤, 日至於市, 而不爲官賈者, 與功而不與分焉.

工治容貌功能, 日至於市, 而不爲官工者, 與功而不與分焉. 不可使而爲工, 則視貨離文實, 而出夫粟.

是故, 智者知之, 愚者不知, 不可以敎民. 巧者能之, 拙者不能, 不可以敎民.

非一令而民服之也, 不可以爲大善. 非夫人能之也, 不可以爲大功. 是故, 非誠賈, 不得食于賈. 非誠工, 不得食于工. 非誠農, 不得食于農. 非信士, 不得立于朝.

是故, 官虛而莫敢爲之請. 君有珍車珍甲而莫之敢有.

君擧事, 臣不敢誣其所不能. 君知臣, 臣亦知君知己也.

故臣莫敢不竭力, 俱操其誠以來.

道曰均地分力, 使民知時也. 民乃知時日之蚤晏, 日月之不足, 飢寒之至于身也. 是故, 夜寢蚤起. 父子兄弟不忘其功, 爲而不倦. 民不憚勞苦.

故, 不均之爲惡也. 地利不可竭, 民力不可殫. 不告之以時, 而民不知. 不道以之以事, 而民不爲. 與之分貨, 則民知得正矣. 審其分, 則民盡力矣. 是故, 不使而父子兄弟不忘其功.

- 士聞見博學意察(사문견박학의찰) : 士는 선비, 지식인, 인텔리. 선비로서 견문이 있고 박학다식(博學多識)하고 머리가 명석하고 정신이 투철하다. 「聞見博, 學意察」이라고 끊어도 좋다.
- 君臣(군신) : 임금 밑에서 보필하는 신하. 오늘의 관리, 공무원.
- 與功而不與分(여공이불여분) : 그때그때에 이룩한 공적에 대하여 보수는 주지만, 항구적인 직분이나 봉록(封祿)은 주지 않는다.
- 賈(가) : 장사, 상인. 賈를 「고」로 읽으면 값. 물건의 시세.

• 官賈(관가) : 관리로서의 상인, 즉 오늘의 상무관(商務官)과 같다.
• 工(공) : 공예 기술자. 기공자, 직능공.
• 容貌(용모) : 여기서는 기물이나 공산품의 형상을 말한다.
• 功能(공능) : 여기서는 기물의 기능, 작용.
• 不可使而爲工(불가사이위공) : 쓸 수 없는 것을 가지고 공예품이라고 하는 것.
• 貨離之實(화리지실) : 貨는 貸의 오기라고 한다. 貸는 어긋나다. 離는 실물이나 표준을 벗어나다. 實은 알맹이, 실질, 실물, 진짜의 표준품. 즉 본질적인 표준품과 비교하여 얼마나 가짜며, 얼마나 다른가를 보아서 그 차질의 정도에 따라 벌을 준다.
• 出夫粟(출부속) : 그자로 하여금 벌로써 곡물을 내게 한다.
• 智者知之(지자지지) : 슬기로운 사람은 깨달아 알다.
• 愚者不知(우자부지) : 어리석은 사람은 모른다. 즉 가르치는데 있어 슬기로운 사람을 알았으나, 어리석은 자가 깨닫지 못하게 해서는 안된다는 뜻.
• 非一令而民服之也(비일령이민복지야) : 한번 영을 내려온 백성이 이를 따르고 준수하지 않는다면.
• 非誠賈(비성가) : 참되고 성실한 상인이 아니면.
• 不得食于賈(부득식우가) : 장사로서 먹고 살 수가 없다.
• 官虛(관허) : 관청의 벼슬자리가 비어 있다 해도.
• 莫敢爲之請(막감위지청) : 감히 아무나 나서서 벼슬자리를 달라고 청할 수 없다. 참다운 선비의 자격이 있어야 한다.

- 珍車珍甲(진거진갑) : 진귀한 수레나 갑옷을 임금이 가져도, 신하들이 자기의 분수를 알고 있으므로 감히 나서서 임금과 같은 진귀한 물품을 갖겠다고 하지 못한다. 임금은 임금의 신분과 용도가 있다는 뜻.
- 不敢誣(불감무) : 감히 거짓말하지 않는다.
- 其所不能(기소불능) : 자기가 못하는 바를 할 줄 안다고 거짓말한다는 뜻.
- 知君知己(지군지기) : 임금이 자기를 잘 이해해 주고 있음을 안다.
- 莫敢不竭力(막감불갈력) : 신하들은 아무도 감히 모든 노력을 다 기울이지 않는 자가 없다는 뜻.
- 俱操其誠(구조기성) : 송두리째 자기의 정성, 성의를 다 바친다는 뜻.
- 道曰(도왈) : 백성들에게 훈도해 말한다는 뜻.
- 均地分力(균지분력) : 농경할 때 경작농지를 균등하게 구분하고 노동인력을 배분한다.
- 使民知時(사민지시) : 백성들에게 때를 알리고자 함이다. 時는 때, 한 개.
- 蚤晏(조안) : 蚤는 早. 시간의 이르고 늦음.
- 爲而不倦(위이불권) : 적당하게 일을 하니까 물리지 않는다는 뜻.
- 憚(탄) : 꺼리다.
- 不均之爲惡也(불균지위악야) : 앞에서 말한 「均地分力」하지 않으면 나쁘다.

• 地利不可竭(지리불가갈) : 地利는 토지를 이용해서 곡식을 생산하는 것을 말한다. 竭은 충분히 다하다. 즉 농토를 활용하여 최대한의 생산을 올리지 못한다는 뜻.
• 殫(탄) : 다한다, 盡과 같은 뜻.
• 與之分貨(여지분화) : 백성들과 같이 수확된 곡물을 분배한다. 조세로 바치게 한다는 뜻.

*이 단절에는 여러 가지 항목이 혼잡하게 적혀 있다. ① 선비(士), 상인(賈), 공인(工)이라 할지라도 직접 조정에 나와 관리가 되지 않은 민간인에게는 항구적인 직분과 봉록을 내릴 수 없다. 그 이유는 관리가 되어야 끝까지 책임과 성실을 다할 것이라고 암시하고 있다. 즉 「非誠賈, 不得食于賈.」「非信士, 不得立于朝.」라고 한 데서 그러한 관자의 의도를 엿볼 수 있다. 특히 규격이나 품질을 어긴 민간 공예 생산자에게는 어긴 대가로 벌과금을 징수한다고 했다. ② 정신적이거나 기술적이거나 일반 사람을 교육하는 교육자는 철저해야 한다. 누구는 알고, 누구는 모르게 하는 교육자는 자격이 없다고 했다. ③ 각자 제 직분에 충실하지 못하면 그 직업을 가지고 먹고 살지 못한다고 분업의 준엄성을 밝혔다. ④ 임금과 신하는 계급 신분의 차이가 엄연하다. 그러나 임금과 신하가 서로 이해하고, 특히 신하가 자기를 속이지 않는 성실과 충성을 바쳐야 나라의 정사가 이루어진다. ⑤ 농경에 있어서는 작업 농지의 균등분할과 노동

인력의 안분배당을 해야 효율적이고 지속적인 성과를 올릴 수 있다고 했다. 특히 계절과 시간관념을 철저히 깨우쳐 줌으로써 적절하고 적기의 생산을 기할 수 있다고 했다. ⑥ 끝으로 「均地分力」을 하지 않는 경우에는 토지로부터 걷는 수확도 다 걷지 못하며 인력도 충분히 활용하지 못한다는 점과, 특히 수확 후에 조세로써 국민으로부터 재물을 나누어 받되 국민이 옳다고 인정하는 선에서 하라고 주의를 주었다. 그래야 국민의 생산의 욕이 감퇴하지 않는다.

7. 성인(聖人)

여기서 말하는 성인은 위정자(爲政者)로서의 성인의 태도를 말한 것이다.

1.

성인을 성인이라고 치는 이유는 다름이 아니다. 모든 것을 백성들에게 잘 나누어줄 수 있기 때문이다. 성인이면서 백성들에게 나누어 줄줄 모르면, 결국 일반 백성들과 다를 바가 없다. 내 자신이 안분지족(安分知足)할 줄 모르고 항상 뜬 욕구에 몰리고 있다면, 어찌 그를 성스런 사람이라 부르겠는가.

결국 이른바 성인으로서 나라를 다스리는 자는, 국가에 대사가 있으면 나라의 재물이나 백성의 힘을 동원해 쓰지만, 국가가 무사태평할 때는 모든 재물이나 인력을 백성들에게 되돌려 그들이 지니고 있게 해야 한다. 또한 성인은 모든 공적을 백성들의 덕으로 돌려야 한다.

원래 백성들이란 태어날 때부터 사악한 욕심의 길을 터놓게 되면 어리석고 어둡게 되며, 사악한 욕심의 길을 막으면 착하고 어질게 되는 것이다.

윗사람이 착한 일을 하나 하면 밑에 있는 백성들은 그를 따라 두 배의 좋은 일을 하게 마련이다.

聖人之所以爲聖人者, 善分民也. 聖人不能分民, 則猶百姓也. 於己不足, 安得名聖. 是故有事則用, 無事則歸之於民. 唯聖人爲善託業於民. 民之生也, 辟則愚, 閉則類. 上爲一, 下爲二.

- 聖人之所以爲聖人者(성인지소이위성인자) : 所以는 까닭 이유. 성인을 성인이라고 하는 이유.
- 善分民(선분민) : 백성들에게 잘 나누어준다. 나누어주는 것은 재물뿐만이 아니라 덕성 같은 것도 포함된다.

• 猶百姓(유백성) : 남에게 나누어주지 못하면 성인도 역시 백성과 같다.
• 於己不足(어기부족) : 내 자신을 부족하게 여긴다. 즉 안분지족(安分知足)할 줄 모르고 항상 무엇인가를 얻고자 욕구를 한다. 이것은 소인(小人)이다.
• 有事則用(유사즉용) : 일이 있을 때는 쓴다. 예를 들어, 전쟁이 일어나면 나라의 재물이나 사람을 동원해 쓴다.
• 無事則歸之於民(무사즉귀지어민) : 국가적으로 큰일이 없을 때는 모든 재물이나 인력(人力)을 징발, 징용하지 말고 백성들이 가진 채로 되돌려 준다.
• 託業於民(탁업어민) : 모든 공업(功業), 공적을 백성들의 덕으로 돌린다.
• 民之生也(민지생야) : 백성들이란 선천적으로, 타고날 때부터의 뜻.
• 辟則愚(벽즉우) : 사악한 욕심의 길이 뚫리면 어리석게 된다. 辟은 闢.
• 閉則類(폐즉류) : 사악한 욕심의 길이 막히면 착하게 된다. 類는 善.
• 上爲一, 下爲二(상위일, 하위이) : 윗사람이 좋은 일을 하나 하면, 밑의 사람은 그것을 효방(效倣)하여 두 개의 착한 일을 한다.

＊위정자(爲政者)로서의 성인의 태도는 다른 것이 아니다. 내 자신이 이기적인 욕심이 없어야 한다. 허심탄회(虛心坦懷), 모든

것을 국민들에게 줄줄 알아야 한다. 재물, 물질은 물론 모든 공적의 덕이나 영광도 국민에게 돌려주어야 한다. 이러한 위정자는 국가의 재물이나 국민의 생명 및 인력 또는 전투력을 함부로 징용해 쓰지 않는다. 만부득이한 국가대사가 일어났을 때 마지못해 그것도 최소한도로 국민들로부터 빌려 쓰는 것이다. 그러나 일단 무사태평하면 국가의 재물, 국민의 힘, 그들의 행복한 생활을 그들에게 돌려주어야 한다. 동시에 영광이나 공훈도 국민에게 얹어주어야 한다.

국민들은 교화에 따라 착하기도 하고 못나기도 하다. 특히 교육 훈도를 하지 않고, 국민들에게 마구 부정과 사악, 협잡과 모리의 길을 터놓으면 국민들은 그 길로 쏠려 어리석고 못난 국민들 투성이가 될 것이다. 그러나 반대로 나쁜 구멍, 사악한 길을 막고 명랑하고, 정직하고, 성실하고, 착한 사회풍조 속에 국민들을 있게 하면 국민들은 언제나 착할 것이다.

위정자가 하나를 하면 국민들은 그 두 배로 물들고 표방하게 된다. 이는 동서고금을 막론하고 변치 않을 것이다. 관자의 성인이란 것은 바로 위대한 지도자 영도자이다.

8. 실시(失時)

시간의 중대성을 짧게 논했다. 한 번 때를 놓치면 다시는 그 귀중한 보배를 되찾을 수 없다.

1.

시간은 일을 처리하는 데 가장 미묘하고도 중대한 작용을 한다. 시간은 다른 물건같이 저장하거나 묵혀둘 수는 없다. 따라서 오늘 시간을 활용하지 못하면 이튿날에는 영영 보배같이 귀중한 그 시간을 잃고 마는 것이다. 지나간 날은 한번 가고는 다시 되돌아오지 않는 것이다.

時之處事精矣, 不可藏而舍也. 故曰, 今日不爲, 明日忘貨. 昔之日已往而不來矣.

- 時之處事(시지처사) : 일을 처리함에 있어서 시간이 차지하는 비중이 중대하다는 뜻. 之는 앞과 뒤에 있는 어구의 상대적 관계를 알려줄 때도 있다.
- 精(정) : 미묘하다, 중대하다, 절대적이다.
- 不可藏而舍也(불가장이사야) : 시간은 다른 물건같이 창고 속에 재워 쌓아놓고 머무르거나 묵게 할 수 없다. 그때그때 지나가면 고만이다.
- 明日忘貨(명일망화) : 忘은 失, 잃다. 明日은 이튿날. 貨는 재물이라고 할 시간, 귀중한 시간.

*농사를 짓는 데 계절을 놓치면 안 된다. 오늘에는 시간관념이 발달했으나, 수천 년 전에 일반 백성들에게 때를 알려주고 시간의 중대함을 가르쳐주는 것도 위정자의 큰일 거리의 하나였을 것이다. 「오늘 때를 활용 못하거나 시간을 놓치고 일을 못하면 영영 재물을 놓치고 만다.(今日不爲, 明日忘貨.)」라고 실감 있게 경고하고 있다.

9. 지리(地理)

토지의 균형 잡힌 평가, 즉 지균(地均)의 일부를 말한 것이다.

1.

으뜸가는 땅에는 사방 80리 넓이에 성을 쌓은 만가호가 있는 큰 도시 하나와 천 가호의 도시 네 개가 있게 마련이고, 중치 가는 땅은 사방 백 리 넓이에 만 가호의 큰 도시 하나, 천 가호의 도시 네 개가 있게 마련이고, 하치 가는 땅에는 사방 120리 넓이에 만 가호의 큰 도시 하나, 천 가호의 도시 네 개가 있게 마련이다. 으뜸가는 땅 사방 80리 넓이나 하치 가는 땅 사방 120리 넓이를 중치 가는 땅 사방 백 리 넓이와 같이 통산한다.

上地方八十里, 萬室之國一, 千實之都四. 中地方百里, 萬室之國一, 千室之都四. 下地方百二十里, 萬里之國一, 千室之都四. 以上地方八十里, 與下地方百二十里, 通於中地方百里.

- 萬室之國(만실지국) : 國은 국도(國都), 서울. 단, 여기서는 성(城)을 쌓은 큰 도시. 萬室은 가호(家戶)가 만 개 있다. 즉 만의 가호가 있는 서울.
- 千室之都(천실지도) : 천의 가호가 있는 도읍(都邑).

* 가호(家户)는 만 개가 들어선 성을 두른 큰 도시, 국(國)은 지방의 수도라고 할 수 있다. 그리고 가호 천 개가 들어선 도읍은 지방 도시다. 이 대도시 하나와 지방 도시 네 개를 들어서게 하는 것을 기준으로 토지를 평가할 때, 상지(上地)는 사방 80리 넓이에 해당하고, 중지는 사방 100리, 하지는 사방 120리 넓이의 땅이 된다고 했다.

명문동양문고 30

관자管子 [上]

초판 인쇄 2024년 2월 1일
초판 발행 2024년 2월 5일

역저자 장기근
발행자 김동구
디자인 이명숙 · 양철민
발행처 명문당(1923. 10. 1 창립)
주 소 서울시 종로구 윤보선길 61(안국동)
국민은행 006-01-0483-171
전 화 02)733-3039, 734-4798, 733-4748(영)
팩 스 02)734-9209
Homepage www.myungmundang.net
E-mail mmdbook1@hanmail.net
등 록 1977. 11. 19. 제1~148호

ISBN 979-11-985856-2-2 (03150)
10,000원